Matthias Burkert

Cloud Computing

Eine kritische Analyse des Cloud Computings
im gewerblichen Bereich

Burkert, Matthias: Cloud Computing: Eine kritische Analyse des Cloud Computings im gewerblichen Bereich. Hamburg, Bachelor + Master Publishing 2014

Originaltitel der Abschlussarbeit: Cloud Computing: Eine kritische Analyse des Cloud Computings im gewerblichen Bereich in Bezug auf verbundene Risiken, technische Anforderungen und Sicherheit unter Berücksichtigung der unterschiedlichen technischen und Rechtlichen Rahmenbedingungen insbes

Buch-ISBN: 978-3-95684-320-4
PDF-eBook-ISBN: 978-3-95684-820-9
Druck/Herstellung: Bachelor + Master Publishing, Hamburg, 2014
Covermotiv: © Kobes · Fotolia.com
Zugl. Hochschule Furtwangen, Furtwangen, Deutschland, Bachelorarbeit, 2012

Bibliografische Information der Deutschen Nationalbibliothek:
Die Deutsche Nationalbibliothek verzeichnet diese Publikation in der Deutschen Nationalbibliografie; detaillierte bibliografische Daten sind im Internet über http://dnb.d-nb.de abrufbar.

© Bachelor + Master Publishing, Imprint der Diplomica Verlag GmbH
Hermannstal 119k, 22119 Hamburg
http://www.diplomica-verlag.de, Hamburg 2014
Printed in Germany

Contents

Abbildungsverzeichnis

Abkürzungsverzeichnis

Vgl.   Vergleiche

WAN   Wide Area Network

IaaS   Infrastructure as a Service

PaaS   Platform as a Service

SaaS   Software as a Service

Gui   Grafical User Interface

IT   Informationstechnologie

bzw.   Beziehungsweise

SLA   Service Level Agreements

ULD   Unabhängiges Landeszentrum für Datenschutz

1   Ein kurzer geschichtlicher Abriss

Die Geschichte des Cloud Computings geht zurück bis weit in die Anfänge der Informationstechnologien. Die ersten Absichten in der Richtung Cloud Computing werden heute J. C. R. Lickrider mit seinem "Intergalactic Computer Network" und John Mc Carthy zugeschrieben[1]. Wobei John Mc Carthy's Idee der zentralisierten Datenverarbeitung schon so weit ging, die Zukunft der Informationstechnologie so zu sehen, wie der heutige Gedanke des Cloud Computings als "IT aus der Dose".Damit ist die Zentralisierung der Rechenleistung und des Speicherplatzes gemeint. Hier wird als Vergleich auch immer wieder die Elektrizität angeführt bei der auch mit dezentralen kleineren Kraftwerken begonnen wurde, und erst später auf eine Zentrale Energieversorgung umgestiegen worden ist[2].Ziel ist es also zu jeder Zeit Rechenleistung und Speicherplatz zur Verfügung zu haben ohne diese Leistung selber zu erzeugen[3].

Die oben genannten Ideen scheiterten in in diesen Zeiten vor allem an fehlenden technischen Möglichkeiten[4]. So wurden diese Ideen zwar immer wieder aufs neue ins Rollen gebracht, doch ein flächendeckender und netzwerkübergreiferder Versuch verschob sich bis annäherungsweise in das Jahr 1990. Hier waren es Ian Foster und Carl Kesselman, die ein neues Konzept vorschlugen mit dem simplen Namen: "The Grid (Computing)"[5]. Das Konzept des Grid Computings sollte eine Veränderung in der Nutzung hervorrufen. Das Ziel war es hierbei, nicht benutzte Rechnerressourcen -jedweder Art- in einem Gesamtcluster verfügbar zu machen. Somit könnte eine effizientere Nutzung von vieler Weltweit leer laufender Rechner gewährleistet werden[6].Beim Grid Computing handelte es sich um die erste Umsetzung einer intelligenten Lösung, welche dazu beitragen sollte, diese Aufgabe effizient zu lösen und welche mit Erweiterungen wie dem Utiliy-Computing sogar noch verbessert wurden[7]. Das Prinzip des Grid Computing ist so erfolgreich, dass es auch im heutigen Cloud Computing mit übernommen wurde und hier eine wichtige Basistechnologie darstellt (siehe Abbildung 1).

Grid Computing ist somit unerlässlich für das moderne Cloud Computing. Es bildet aus einem Cluster vieler kleiner Computer einen virtuellen Supercomputer[8] in dem es nicht genutzte Ressourcen von vielen kleineren Computern nutzt und miteinander verbindet[9]. Durch Grid Computing werden freie Ressourcen in Schnittstellen und Protokollen standardisiert und einer zentralen Instanz untergeordnet um sie so aus dem Internet verwenden zu

---

[1]Vgl. Höllwarth 2011 Seite. 29
[2]Vgl.Dietmar Fey 2010 Seite 6
[3]Vgl.Dietmar Fey 2010 Seite 7
[4]Vgl. Köhler-Schute 2009 Seite15
[5]Vgl. Höllwarth 2011 Seite 31
[6]Vgl. Höllwarth 2011 Seite 32
[7]Vgl. Höllwarth 2011 Seite 32
[8]Vgl. Bitkom 2009 Seite 69
[9]Vgl. Höllwarth 2011 Seite 31

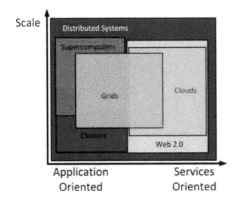

Figure 1: Einsatz Grid Computing (Quelle: Cloud Computing and Grid Computing 360° Compared)

können[10]. Wenn es das Grid Computing nicht gäbe, wäre es nicht möglich, die verschiedenen Hardwarekomponenten, Softwaremodule und Protokolle, die die unterschiedlichen Rechner Weltweit nutzen, miteinander zu kombinieren (Siehe Abildung 1). Dietmar Fey unterscheidet zwischen 3 verschiedenen Grids; die Rechengrid, Datengrid und die Ressourcengrid. Durch diese Unterteilung lässt sich die eine effiziente Nutzung aller vom Rechner zur Verfügung gestellten Ressourcen gewährleisten[11]. Schließlich und endlich kann gesagt werden, dass die Denkweisen und Entwicklungen, die schon lange vor dem Cloud Computing stattgefunden haben, diesen Ansatz in seiner heutigen Form erst ermöglicht haben(Siehe Abbildung 1). Eine der Fragen, die sich diese Arbeit nun stellt ist, warum die Mechanismen wie beispielsweise das Clusterings und das Grid Computing nicht schon früher genutzt wurden, wenn sie uns schon seit geraumer Zeit zur Verfügung stehen. Hierfür gibt es drei mögliche Erklärungen. Zum einen kann gesagt werden, dass diese Technologien teilweise schon genutzt wurden, nur in einem viel kleinerem Umfang, den sogenannten Wide Area Networks, ab hier kurz WAN genannt[12]. Zum Beispiel nutzen Firmen intern schon lange Grid Computing zur Zentralisierung ihres Rechenzentrums[13]. Des weiteren stand bisher in verbeiteten Teilen der Welt nicht die nötige Bandbreite zur Verfügung[14][15], wie sie für große Teile der Bevölkerung heute verfügbar ist[16], damit ein flächendeckendes Cloud Computing ermöglichen werden könnte. Den dritten Grund stellt die Möglichkeit der lange nicht erkannten Erlös-

[10]Vgl. Bitkom 2009 Seite 69-70
[11]Vgl. Dietmar Fey 2010 Seite 5
[12]Vgl. Akihiko Konagaya 2005 Seite 32-33
[13]Vgl. Mario Meir- Huber 2010 Seite 19
[14]Vgl. Lutz Wehner 2007 Seite 17
[15]Vgl. David Hein 2011 Seite 55
[16]Vgl. Kapitel 5.1.6

maximierung[17] dar, die durch Vertrieb und Marketing erst viel zu spät erkannt wurden. Die Nutzung der zentralisierten Datenverarbeitung bietet auch für die Zukunft eine prächtige Erlösquelle[18] an, auf einem Markt mit schwindenden Margen für lokale Technologien[19].

---

[17]Vgl. Meinel 2011 Seite 39
[18]Vgl. Daniel Seidl 2011 Seite 5
[19]Vgl. Roland Alter 2011 Seite 137-138

2 Allgemeines

Die Cloud soll ein Konzept realisieren, welches für andere Technologien schon lange bereitgestellt wird. Die bedarfsgerechte Verfügungsstellung von Informationstechnologie[20]. Hierbei ist besonders zu erwähnen das der Grundgedanke im wesentlichen dahingehend ist, dass man nicht nur einzelne Ressourcen verwenden kann, wie bei Infrastructure as a Service oder Platform as a Service[21] sondern eine breite Palette Everything as a Service [22]. Dies bedeutet, dass der wesentliche Unterscheidungspunkt von Cloud Computing zu traditionellen Webangeboten in der Tatsache zu finden ist, dass wir eine nicht mehr für lokale Benutzung optimierte Anwendung haben sondern eine die eben für Cloud Nutzung optimiert wurde, wo sie auch breit verfügbar ist[23]. Die Verwässerung des Begriffes Cloud Computing kann hierbei sehr verwirrend sein denn nicht überall wo cloud draufsteht ist auch Cloud drin[24]. Allgemeinhin könnte man sagen, dass Cloud Computing eine Verlagerung von lokalen Aktivitäten, hin zu Zentralisierter Rechenverwaltung ist[25]. Ein weiterer wichtiger Punkt ist, obwohl man sich mit vielen anderen Nutzern in einer einzigen "Wolke", also einen gemeinsamen physischem Speicher befindet, ist man virtuell voneinander getrennt[26], so dass die Persönlichen Daten und das Nutzungsverhalten von anderen isoliert sind.dies unterscheidet sich natürlich komplett von bisherigen Netzwerken, in denen in der Regel lokale Rechner, die Physisch voneinander getrennt waren miteinander verbunden wurden[27]. Bei der klassischen Nutzung waren solche Mechanismen nicht nötig, da eine physische Isolierung von anderen lokalen Rechnern vorhanden war[28]. Die Cloud ist somit lediglich ein gedankliches Konstrukt. Dieses steht dafür, Informationstechnologien nicht mehr mit eigenen lokalen Ressourcen zu erzeugen, sondern Technologien komplett von fremden Anbietern zu nutzen[29]. Pflege, Wartung und den Support der Soft- wie auch der Hardware wird somit natürlich ebenfalls an den Anbieter übertragen.[30] (Siehe auch Abbildung 2) Damit minimiert die Cloud sowohl die eigenen Investitionskosten, also auch die Eigenverantwortung in der firmeneigenen Risiken[31].

---

[20]Vgl. Mario Meir- Huber 2010 Seite 11

[21]Vgl. 3.1.1 und 3.1.2

[22]Vgl. Meir-Huber Seite 49-50

[23]Vgl. Christian Möller 2010 Seite 48

[24]Vgl. Meir Huber 2010 Seite 210

[25]Vgl. Meir-Huber 2010 Seite 11-12

[26]Vgl. Günther 2011 Seite 9-11

[27]Vgl. Höllwarth 2011 Seite 29-30

[28]Vgl. Todd Lammle 2012 (keine Seiten Zahlen angegeben) Zu finden im Abschnitt First Things First: What's a Network?

[29]Vgl. Köhler-Schute 2009 Seite 16-17

[30]Vgl. Günther 2011 Seite 1-2

[31]Vgl. Günther 2011 Seite 119-120

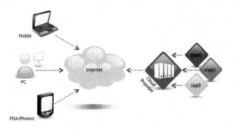

Figure 2: Modell Cloud Computing (Quelle:http://www.techiestate.com/wp-content/uploads/2012/06/IaaS-Cloud-Computing.jpg)

2.1 Everything as a Service

Infrastructure as a Service   Bedeutet, dass man lediglich die rechnerischen Mittel für eine Funktionierende IT mietet, den Aufbau von zum Beispiel einer Softwarelandschaft und von Benutzeroberflächen hat man selber zu verantworten[32]. Der Anbieter übernimmt in der Regel keine Haftung er ist nur für die Hardware zuständig und der Kunde ist voll Haftbar[33]. Man könnte diese Art von Hardware anmieten mit einem traditionellen Hosting vergleichen[34], bei dem ebenfalls nur die technischen Grundlagen zur Verfügung gestellt werden. Allerdings besteht ein gewichtiger Unterschied darin, dass man nicht mehr ein einzelnes Gerät - zum Beispiel einen Server - mietet und dafür monatlich bezahlt, sondern man bekommt einen virtuellen Server zur Verfügung gestellt[35]. Allerdings muss man sich darüber im klaren sein, dass mein einen Großteil der Einstellungen und Installationen selber durchführen muss da hier nur die Recourcen zur Verfügung gestellt werden[36]. Man kann somit plötzlichen Belastungsspitzen beruhigt entgegen sehen weil diese von einem viel größeren Rechenzentrum abgefangen werden wie bisher bei einem eigenen Server. Außerdem kann man beliebig viel Leistung jederzeit dazu ordern - wer schon mal einen neuen Server bestellen musste weil der alte nicht mehr ausreichende Kapazitäten hatte weiß diesen Vorteil sicherlich zu schätzen - und bekommt sie sofort bereitgestellt[37]. Ein gewichtiger Vorteil ist auch, dass die Hardware bei Ausfall nicht mehr ersetzt werden muss. Dadurch, dass das Rechenzentrum des Anbieters entsprechend groß ist, hat er sofort Ersatz verfügbar -[38] *ein Serverschaden konnte früher den Ausfall der Dienste bedeuten -* und der Betrieb kann nahtlos weitergehen[39].

---

[32]Vgl. Meir Huber 2010 Seite 42
[33]Vgl. Günther 2011 Seite 85
[34]Vgl. Meir-Huber 2010 Seite 44
[35]Vgl. Metzger 2011 Seite 21
[36]Vgl. Metzger 2011 Seite 35-36
[37]Vgl. Höllwarth 2011 Seite 47
[38]Vgl. Meinel 2011 Seite 56
[39]Vgl. Höllwarth 2011 Seite 230

Platform as a Service Bei PaaS kann sich der Kunde darauf Konzentrieren, eine eigene Anwendung zu entwickeln, die Implementierung ist durch die sogenannte Middelware sehr einfach und benötigt keinen größeren Aufwand[40]. Die Haftung bei PaaS ist anders geregelt, denn prinzipiell werden hier Kunde und Anbieter in die Haftung genommen[41]. Die Nutzerschicht von Platform as a Service ist vor allem auf Entwickler beschränkt[42]. Ihnen werden sehr komfortable Laufzeitumgebungen zur Verfügung gestellt in denen sowohl gearbeitet, als auch entwickelt werden kann. Aber auch die Bereitstellung von Entwicklungsumgebungen ist möglich. Die Vorteile die die Entwickler aus diesem Modell haben, ist, dass eine Entwicklungsumgebung nicht erst eingerichtet werden muss und was wichtiger ist, standardisiert ist - *was sich beim testen nachher wieder bezahlt macht und beim Synchronen entwickeln mehrere Entwickler*[43] - somit ist eine Versionskontrolle der Arbeitssoftware nicht nötig. Ein weiterer und wohl der entscheidende Vorteil ist, dass die Zugrunde liegende Entwicklersoftware in der Regel vorhanden ist[44], und die gerade in diesem Bereich enorm teuren Lizenzen hier somit nicht erforderlich werden die für ein Unternehmen in der Regel eine hohe Kapitalbindung bedeuten[45].

Software as a Service Software as a Service sollte ursprünglich ein neues Erlösmodell der Softwareindustrie werden. Die Überlegungen bei Software as a Service waren von Anfang an, Software auf Mietbasis anzubieten[46]. Die anfänglichen Umsetzungen von Software as a Service scheiterten jedoch daran, dass vor allem mittelständische Unternehmen natürlich seit langem eigene Lösungen hatten und eigene Rechenzentren bereits komplett vorhanden waren ein Umstieg konnte ihnen Betriebswirtschaftlich nicht schmackhaft gemacht werden[47]. Das vorerst endgültige Ende dieser Überlegungen kam ungefähr 2001 mit dem Platzen der Dotcom-blase[48].

Software as a Service soll die Verlagerung von eigenen IT Lösungen hin zu Komplettlösungen eines IT-Dienstleisters sein. Der Grundgedanke hierbei ist die Einsparung von Personal[49], sowohl als auch von Technik und Software weil der IT-Dienst komplett gemietet werden und je nach bedarf des Kunden innerhalb eines Monates sowohl erweitert als auch verringert werden kann.[50] Außerdem fallen natürlich die Kosten für Eigenentwicklungen komplett weg[51].Einer der interessantesten Gesichtspunkte ist natürlich, dass bei dieser Komplettlösung auf Mietbasis sich natürlich auch die Kosten Proportional zur Nutzung

---

[40]Vgl. Metzger 2011 Seite 90
[41]Vgl. Günther 2011 Seite 85
[42]Vgl. Höllwarth 2011 Seite 97
[43]Vgl. Metzger 2011 Seite 100
[44]Vgl. Metzger 2011 Seite 99
[45]Vgl. Daniel Felsmann 2010 Seite 8
[46]Vgl. Köhler-Schute 2009 Seite 17
[47]Vgl. Köhler-Schute 2009 Seite 15
[48]Vgl. Köhler-Schute 2009 Seite 16
[49]Vgl. Köhler-Schute 2009 Seite 36-37
[50]Vgl. Höllwarth 2011 Seite 47-48
[51]Vgl. Daniel Felsmann 2010 Seite 8

verhalten [52].

Software as a Service ist ein Thema welches in der Regel in einem Atemzug mit Infrastructure as a Service und Platform as a Service genannt wird. Da der Begriff Cloud Computing von Anbietern inflationär gebraucht wird[53], ist hier die Unterscheidung der Themen mit dem Cloud Computing schwierig geworden. Doch Software as a Service wird hier als besondere Form behandelt, weil es sich erheblich vom normalen bereitstellen von Ressourcen unterscheidet und als Erlösmethode sowohl für Anbieter, als auch Kunden in Zukunft interessant werden könnte[54].

Unter SaaS verstehen wir viel mehr als nur die Bereitstellung von Ressourcen, SaaS beinhaltet die Bereitstellung von Applikationen bis hin zu kompletten Anwendungen. Diese Anwendungen können dann mit lokalen Geräten als quasi Terminal genutzt werden[55]. Somit können Anbieter, die über Ressourcen verfügen ihren Kunden nun die Komplette Spanne der IT Dienstleistung anbieten, und das nach monatlich abgerechneten Bedarf[56].

[52]Vgl.Köhler-Schute 2009 Seite 36-39
[53]Vgl. Meir-Huber 2010 Seite 210
[54]Vgl. Daniel Felsmann 2010 Seite 8
[55]Vgl.Christoph Meinel 2011 Seite 23-24
[56]Vgl. Köhler-Schute 2009 Seite 34 und 39

3.1.2.1 Sinnvolle Integration von SaaS in Cloud Systeme

Als sinvolle Integration von SaaS in Cloud Systeme, sind alle SaaS Anwendungen zu betrachten, die mit dem bereitgestellten Ressourcen[57], der vorhandenen Infrastruktur vom IT-Dienstleister bis zum Kunden der Wartung durch Mitarbeiter des Dienstleisters[58] und der Erfüllung der Auflagen der Regulierungsbehörden und Sicherheitsauflagen des Kunden[59] in der Lage sind ihren Zweck für den Kunden zufriedenstellend zu erfüllen. Hierfür können in der Regel zwei Varianten verwendet werden zum einen können Anwendungen verwendet werden, die Browser basiert sind, zum anderen Anwendungen die über einen Spezielle lokal installierte Clientsoftware verwendet werden[60].

3.1.2.2 Was unterscheidet IaaS,PaaS und SaaS voneinander?

Neben der Haftung und der Gestaltung des Vertrages[61], unterscheiden sie die drei Varianten vor allem durch die Menge der angebotenen Leistungen die erbracht werden und die Leistungen mit denen man sich noch selber versorgen muss (Siehe Abbildung 3). Als Anbieter kann man sich auch nur zertifizieren lassen, wenn man SaaS anbietet [62].

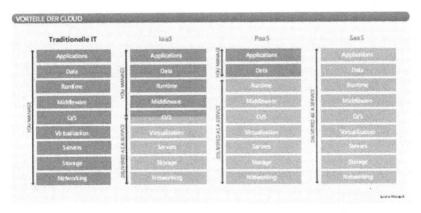

Figure 3: IaaS,PaaS,SaaS Vergleich (Quelle: http://www.microsoft.com)

---

[57]Vgl. Metzger 2011 Seite 165
[58]Vgl. Metzger 2011 Seite 163
[59]Vgl. Meier-Huber 2010 Seite 33-38
[60]Vgl. http://www.teachtoday.de/86_Cloud_Computing.htm
[61]Vgl. Kapitel 2.1 Everything as a Service
[62]Vgl.Kapitel 5.3 Risikomanagement

3 Verschiedene Technologien und deren Aspekte in der Cloud Nutzung

Zuerst einmal möchte ich die verschiedenen Nutzungsmöglichkeiten aufzeigen, dann kurz die Kombinationsmöglichkeiten und andere Wissenswerte Fakten. Wichtig zu wissen ist, dass es sich bei allen hier genannten Beispielen um SaaS Anwendungen verschiedener Ausprägung handeln wird.

Speicherplatz Mit dem Speicherplatz oder auch der Speichercloud, ist die Auslagerung von Daten in die Cloud gemeint[63]. Beispiele hierfür wären Strato, Dropbox, Sugar Sync,Google und als Open Source Alternative Ubuntu One [64].Natürlich ist die Nutzung von Speicherplatz nichts anderes als ein SaaS Anwendungsclient[65], der lediglich darauf ausgelegt ist, Daten einzulagern und bei Bedarf wieder abzurufen, doch die Nutzung unterscheidet sich schlussendlich erheblich von anderen Cloud Anwendungen, dass beginnt beim Umfang der Anwendung und hört bei den Kosten auf[66]. Für alle Speicheranwendungen wird ein Nutzerkonto benötigt, auf dem die eigenen Daten Registriert werden, und mit welchem man sich anmelden muss wenn man die Anwendung nutzt. Auch ein Client benötigt diese Anmeldung[67].

Anwendungen Anwendungen sind ebenfalls schon recht verbreitet, hier geht es vor allem darum bestimmte Programme zu nutzen (bzw. die Ausführung dieser Programme) ohne sie auf dem eigenen Rechner zu haben[68]. Beispiele hierfür wären Camera Sim, Adobe Photoshop Express, Lingoking, Livesein, Werkstatt 24 [69]. Es gibt sogar Sonderformen dieser Cloud Anwendungen, dies wären die Cloud Betriebssysteme wie zum Beispiel eyeOS [70] Open Exchange Web Desktop [71] oder auch Carbyn [72] hierbei handelte es sich um komplette Betriebssysteme die nicht mehr auf dem eigenen Rechner installiert werden müssen[73]. Anwendungen stellen eine Erweiterung des reinen Speicherplatzes da. Diese Systeme machen komplette komplexe Anwendungen nutzbar ohne eine Lokale Installation. Es wird allerdings eine Registrierung benötigt[74]. Die Abrechnung findet in der Regel dann monatlich statt, und nach Intensität der Nutzung wird die Höhe der Kosten festgelegt[75].

---

[63]Vgl. Höllwarth 2011 Seite 51
[64]Vgl. http://www.cloudsider.com/test/online-festplatte-test.html
[65]Vgl. Meir-Huber 2011 Seite 32
[66]Vgl.Köhler-Schute Seite 36
[67]Vgl. Höllwarth 2011 Seite 52
[68]Vgl.Höllwarth 2011 Seite 47-48
[69]Vgl. http://www.wolkenheld.de
[70]Vgl. http://www.chip.de/downloads/eyeOS_27733671.html
[71]Vgl. http://www.zdnet.de/news/41540254/open-xchange-stellt-webdesktop-vor.htm
[72]Vgl. http://www.giga.de/downloads/google-chrome/news/carbyn-kanadisches-startup-zeigt-html5-betriebssystem/
[73]Vgl. Höllwarth 2011 Seite 50
[74]Vgl. Meir-Huber 2010 Seite 55
[75]Vgl.Köhler-Schute Seite 36

Rechenleistung Hier wird nur noch die reine Rechenleistung eines anderen Systems genutzt, Beispiele hier wären sogenannte Rechentools [76] . Es werden nur reine Rechenoperationen ohne komplexe Grafische Oberflächen durchgeführt. Im Beispiel sind sogar schon alle Felder vordefiniert das ist in der Wissenschaftlichen[77] Nutzung natürlich nicht so, hier hat man in der Regel nur die Kommandozeile und definiert seine Rechnungen selber.

Techniken und Systeme und was der Unterschied zwischen diesen ist

3.2.1.1 Dropbox Drop Box ist eine Cloud Basierte Software zur Speicherung von Daten also eine sogenannte Speichercloud [78]. Hierfür wird auch zur einfacheren Benutzung eine Client seitige Benutzerapplication angeboten[79]. In einem normalen kostenfreien Dropbox Account sind 2 Gigabyte Speicher enthalten. Der Speicher kann auf kostenfreier Ebene durch die Nutzung besonderer werbeaktionen von Dropbox gesteigert werden. Alternativ kann man für 75 Euro jährlich seinen Speicher auf 50 GB erhöhen, oder für 150 Euro auf 100 GB. Drop Box ist auf Windows, Linux und sogar auf Mac verfügbar, bei den Mobilen Geräten kann man Dropbox auf Android, IOS und Blackberry nutzen.

Technik Dropbox ist eine reine SaaS (Software as a Service) Cloud dienstleistung der Firma Dropbox Inc. mit Sitz in San Francisco in Californien somit fällt Dropbox nicht unter deutsches Recht[80], jedoch soll Dropbox hier lediglich als Beispiel für eine mögliche Cloud Anwendung dienen.

Dropbox ist sowohl Server als auch client-seitig hauptsächlich in Python entwickelt worden. [81]. Jedoch bemerkte man bald, dass Python vor allem bei inneren Schleifen zu langsam war.

```
>>> import itertools, hashlib,time
>>> _md5 = hashlib.md5()
>>> def run():
...   for i in itertools.repeat(„foo", 10000000):
...   _md5.update(i)
...
>>> a = time.time(); run(); time.time() - a
2.8812849521636963
```

Deshalb entschloss man sich anstatt Python für die inneren schleifen C zu verwenden.

---

[76]Vgl. http://www.teichfolien-24.de/teichvolumenrechner/index.html
[77]Vgl. Dietmar Fey 2010 Seite 5
[78]Vgl. Höllwarth 2011 Seite 51-52
[79]Vgl. Höllwarth 2011 Seite 47-48
[80]Vgl. Höllwarth 2011 Seite 80
[81]Vgl.   http://blip.tv/pycon-us-videos-2009-2010-2011/pycon-2011-how-dropbox-did-it-and-how-python-helped-4896698

```
>>>
>>> _md5 = hashlib.md5()
>>> def run()
... any(itertools.imap(_md5.update, itertools.repeat („foo" , 10000000)))
...
>>> a = time.time(); run(); time.time() -a
1.617397069931030
```

bei inneren Schleifen wird C verwendet weil C durch einen effizienteren
Bytecode hat[82] in diesem Beispiel 44% schneller als Python.

```
Typedef struct _typeobjekt
{ . . . allofunc tp_alloc; . . . freefunc tp_free; . . . }
PyTypeObjekt;
```

Ein weiteres Problem war der genutzte Speicher, dieser sollte natürlich
so effektiv wie möglich genutzt werden. Cpython ermöglicht die Kontrolle
über die Allokation der erweiterbare Typen.Dadurch erreicht man eine bessere
Fragmentierung der Daten und kann seinen vorhandenen Speicherplatz besser
nutzen.

```
class MyContainer(object):
_ _slots_ _ = ('foo', 'bar', 'baz')
_ _ use_region_allocator_ _ = True
```

Wenn man daraus nun eine Klasse macht, kann man diese Technik flexibel
für alle Objekte im Heap übernehmen.[83]

Sicherheit Dropbox hatte in der Vergangenheit, aber auch aktuell gewaltige
Sicherheitsprobleme. So wurde stehts kritisiert, dass die hoch geladenen Daten
von Dropbox nicht verschlüsselt werden, was an sich alleine schon ein großer
Sicherheitsmangel ist. Dropbox reagierte zögerlich, und veröffentlichte später
dann eine Software mit der die Verschlüsselung auf lokaler Ebene durchgeführt werden kann[84].Die Sicherheitslücke im Windows Client von Dropbox ist
ein weiterer fataler Fehler von Dropbox. Gelingt es, auf die Primäre Daten-
bank config.db zuzugreifen, findet man dort die host_id. Mit diesem Passwort
kann man auf die Dropboxdaten eines Nutzers zugreifen ohne sich autorisieren
zu müssen. Die host_id kann für Exploits sogar genutzt werden, wenn das
Passwort der Dropbox bereits verändert wurde. So könnten spielend leicht
Daten manipuliert, oder sogar Schadsoftware verbreitet werden [85].

---

[82]Vgl. Mark Lutz 2007 Seite 21
[83]Vgl.   http://blip.tv/pycon-us-videos-2009-2010-2011/pycon-2011-how-dropbox-did-it-
and-how-python-helped-4896698
[84]Vgl. http://www.netzwelt.de/news/90986-dropbox-verschluesseln.html (siehe Safebox)
[85]Vgl.http://www.silicon.de/41551608/sicherheitsleck-in-dropbox/

3.2.1.2 Eye OS Eye OS ist ein Cloud Basiertes Open Source Betriebsystem[86] welches nicht mehr lokal installiert werden muss. Somit kann es jederzeit und von überall genutzt werden, wo man eine Internetverbindung vorfindet. Der Unterschied zu vielen anderen Cloud Angeboten besteht darin, dass man Eye OS selber hosten muss[87]. Das bringt vor wie auch Nachteile, zum einen behält man alle Rechte, zum anderen auch die damit verbundenen Pflichten[88].

Technik Eye OS basiert auf PHP und Javascript [89].Hierbei wird Javascript jedoch nur verwendet, um die Anwendungen client-seitig zu realisieren. Die Komponenten im PHP sind da um um die Brücke zwischen der Hard und Software zu schlagen, und vor allem auch, um die Daten aus den Datenbanken abzurufen (siehe Abbildung 4). Prinzipiell ist Eye OS wie ein normales Betriebssystem aufgebaut, es verfügt über ein Kernel[90] und über eine grafische Benutzeroberfläche[91]. Die PHP basierten Komponenten bilden die Schnittelle zwischen Hardware und der Grafischen Nutzeroberfläche.Außerdem kommt hier im Gegensatz zu anderen Betriebssystemen hinzu, dass eine ständige Aktualisierung durchgeführt werden muss, da sonst die grafische Benutzeroberfläche, welche auf der client-Seite zu sehen ist, nicht mehr mit den gespeicherten Daten übereinstimmt[92].

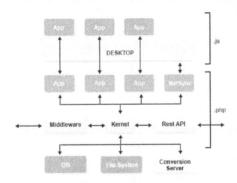

Figure 4: Eye OS Schema (Quelle: http://www.eyeos.org/technology/architecture)

Der Aufbau welcher in der Abbildung 4 zu erkennen ist, wird im Code

---

[86]Vgl. Höllwarth 2011 Seite 50
[87]Vgl. http://www.heise.de/download/eyeos-1150737.html
[88]Vgl. Günther 2011 Seite 85
[89]Vgl. http://www.eyeos.org/technology/overview
[90]Vgl. http://www.eyeos.org/technology/overview
[91]Vgl. http://www.eyeos.org/technology/virtualization
[92]Siehe Abbildung 4

konsequent fortgesetzt, das bedeutet für jede App gibt es Javascript Dateien, welche die grafische Oberfläche und die Interaktion managen und PHP Dateien, diese führen in Kommunikation mit den GUI alle Systemrelevanten Operationen aus(Siehe Abbildung 4). Hierbei wird sowohl das Client Server seitige Änderungs- und Aktualisierungsmanagement gesteuert, als auch Sicherheitsabfragen.Die Sicherheitsabfragen bestehen immer aus einem Array mit 6 Komponenten[93] (die Sicherheitsabfragen werden über das Desktop und die dazugehörige Desktop.php gesteuert) die abgefragt werden und übereinstimmen müssen. Hierbei wird die Identifizierung über "CONTACTS"
durchgeführt und eine durchgehende Überprüfung wird über "TAGS & CONTACTS" durchgeführt.

Zur Verschlüsselung des Passwortes wird die 32 Bit Hash Verschlüsselung MD5 als kombinierter Hash verwendet[94].

---

[93]Dies ist im runtergeladenen eye os erkennbar unter eyeos/apps/desktop/Desktop.Pphp
[94]http://wiki.eyeos.org/How_is_an_eyeOS_account

3.1 Sicherheit Allgemein

Wie auch andere Cloud Systeme ist die Kryptisierung ein wichtiger Faktor, was bedeutet, dass die Daten nach möglichkeit komplett verschlüsselt sein sollten und dies am besten schon lokal, so dass diese schon gar nicht erst unverschlüsselt auf Server geraten sollten[95]. Die Passwortverschlüsselung auf Basis eines Kombinierten Hash[96] - *vor der Übertragung* - ist auf dem Stand der Technik, allerdings wäre ein zweiter Verschlüsselungsalgorithmus sehr sinnvoll gewesen statt nur auf MD5 zu setzen[97]. Allgemein lässt sich die Nutzung von MD5 in frage stellen, da dieser Algorithmus als nicht mehr sicher gilt.Für Hash's mit MD5 liegen mittlerweile Rainbowtables vor[98].

Sicherheit Technik allgemein

2.2.2.1 Verschlüsselungen Der wohl wichtigste Faktor für Sicherheit im Cloud Computing ist Verschlüsselung[99]. Daten sollten unter keinen Umständen unverschlüsselt vorliegen[100]. Da die Sicherheit der Daten nie hundertprozentig gewährleistet werden kann, muss man also dafür sorgen, dass ein Missbrauch nicht möglich oder wenigstens erheblich erschwert wird[101]. Der Zugriff kann durch eine sehr gute Verschlüsselung sogar derart erheblich erschwert werden, dass der Zugriff nicht mehr Lohnenswert ist, bzw. nicht möglich[102].

Möglichkeiten der Verschlüsselung Es gibt viele verschiedene Verschlüsselungsalgorithmen die Bandbreite ersteckt sich von 32 bis 256 Bit Verschlüsselungen eine 32 Bit Verschlüsselung[103] zum Beispiel liefert ein Datenwort mit 2^{32} verschiedene Möglichkeiten also 4'294'967'296 verschiedene Kombinationen.Auch wenn das sicher klingt wird bei wirklich kritischen Daten eine 256 Bit Verschlüsselung verwendet hier hat man 2^{256} verschiedene Möglichkeiten was in einer Zahl ausgedrückt $1,15792089 \times 10^{77}$ Möglichkeiten entspricht. Dies gilt nach Industriellen Maßstäben als sicher[104].

Hash Verschlüsselungen Die drei wichtigsten Faktoren die ein Verschlüsselungsalgorithmus dieser Klasse erfüllen sollte wenn es sich um eine Passwortverschlüsselung handelt sind

1. Der algorithmus darf nicht Reversibel sein

---

[95]Vgl. Benedikt Höckmayr 2012 Seite 34-36

[96]Vgl. Markus Kammermann 2011 Seite 53

[97]Vgl. Werner Poguntke 2007 Seite 112

[98]Vgl. Jayson E 2010 Seite 323

[99]Vgl. Benedikt Höckmayr 2012 Seite 34-36

[100]Vgl. Marit Hansen 2012 Seite 409

[101]Vgl. Marit Hansen 2012 Seite 410

[102]Vgl. Werner Poguntke 2007 Seite 112

[103]Vgl. Bayer, Jürgen 2010 Seite 905

[104]Vgl Vollmer Timm 2012 Seite 67

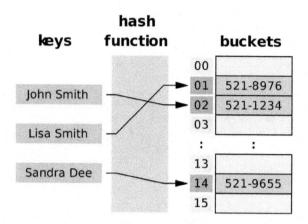

Figure 5: Hash Funktion (Quelle: http://upload.wikimedia.org/wikipedia/commons/thumb Hash_table_4_1_1_0_0_1_0_LL.svg.png)

Das bedeutet, ist die Verschlüsselung einmal durchgeführt, gibt es keine Möglichkeit den Algorithmus zu entschlüsseln und somit ist es auch nicht mehr möglich verschlüsselte Daten zu entschlüsseln dies schließt alle Möglichkeiten zur effizienten Entschlüsselung außer das Brute Force Verfahren aus[105].

2. Der Algorithmus sollte Öffentlich sein

Jeder Verschlüsselungsalgorithmus kann Fehler enthalten[106], und da man ihn nicht Prüfen kann, würden sie nicht auffallen, könnten von Verbrechern aber entdeckt und ausgenutzt werden. Öffentliche Algorithmen müssen sich Prüfungen von Kryptographen, Mathematikern und anderen Spezialisten unterziehen, welche Fehler in der Regel sehr schnell aufdecken und damit eine hohe Sicherheit des Algorithmus garantieren können[107].

3. Der Algorithmus sollte nicht auf Rainbowtables vokommen

Verschiedene Arten von Individuen versuchen natürlich sogenannte Rainbowtables[108] für Verschlüsselungsalgorithmen zu entwickeln.
Kombinierte Hash verringern das Risiko dass man mit Brude Force Verfahren in Kombination von Rainbowtables einen lohnenden Zeitwert erreicht[109]. Hierbei werden einfach 2 oder mehrere Hashfunktionen kombiniert, das heißt

---

[105]Vgl. Markus Kammermann 2007 Seite 51
[106]Vgl. Ebel Nadin 2005 Seite 265
[107]Sorge Christoph 2004 Seite 16
[108]Vgl.Jayson E 2011 Seite 223
[109]Vgl.Jayson E 2011 Seite 224

hintereinander ausgeführt[110]. Wenn man davon ausgeht, dass viele Benutzer Passwörter verwenden, welche sich bereits in Rainbowtables befinden, ist es ein unbedingtes muss kombinierte Hashs zu verwenden, wenn man auch nur ein Mindestmaß an Sicherheit gewährleisten möchte.
Bekannte Algorithmen, welche hier verwendet werden sind

- MD5

- SHA-1

- SHA-2

- CRC32

- DF CrcSfv 1.3

MD5 Leider gilt MD5 bereits als nicht mehr sicher[111]. MD5 wurde 1995 entwickelt und ist für die Leistungstärke heutiger Rechner nicht mehr ausreichend [112].

Symetrische Verschlüsselungen Symetrische Verschlüsselungen sind zum entschlüsseln entwickelt worden. Sie werden verwendet um Daten zu verschlüsseln und später wieder zu antschlüsseln (siehe Abbildung 6)[113].
Da die Daten um sie wieder nutzbar zu machen auch entschlüsselt werden müssen, muss der Algorithmus auch entsprechend reversibel sein. Das heißt die Verschlüsselung muss ein Mindestmaß an Sicherheit für diese Situation gewährleisten[114]. Der Versuch die Verschlüsselung mit einem Brude Force verfahren zu knacken muss so lange dauern, dass es für den potentiellen Datendieb nicht mehr attraktiv ist[115].
Möglichkeiten der Verschlüsselungen sind zum Beispiel

- AES

- MARS

- IDEA

- RC6

- Serpent Twofisch

---

[110]Vgl. Markus Kammermann 2011 Seite 53

[111]Vgl. Markus Kammermann 2007 Seite 52

[112]http://www.heise.de/newsticker/meldung/Autor-haelt-md5crypt-nicht-mehr-fuer-sicher-1614781.html

[113]Rüdiger Schreiner 2009 Seite 153

[114]Rüdiger Schreiner 2009 Seite 153

[115]Vgl.Jayson E 2011 Seite 224

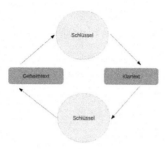

Figure 6: Symetrische Verschlüsselung (Nach Vorbild von Rüdiger Schreiner 2009 Seite 153)

Dies sind Symmetrische Verschlüsselungsmethoden.Sie können bei Kenntnis über die richtigen Parameter mit dem selben Verfahren entschlüsseln werden. Diese Verschlüsselungsmethoden sind sehr leistungsstark sie werden in der Regel mit 256 Bit verschlüsselt - 2^256 ergibt 1,15792089 × 10^77 - diese Datenverschlüsselungen gelten als sicher und aufwendig zu knacken[116].

Asymetrische Verschlüsselung Es gibt allerdings auch noch asymmetrische Verfahren zu dieses hier zum Beispiel:

- RSA

bei diesem Verfahren wird ein Öffentlicher Schlüssel Kryptisiert[117], die Rekonvertierung kann nur mit einem geheimen Schlüssel erfolgen, welcher niemanden bekannt sein darf außer den zum lesen berechtigten Personen. Verschlüssseln kann also jeder der den Öffentlichen Schlüssel besitzt, entschlüsseln aber nur, wer auch den Privaten Schlüssel besitzt (siehe Abbildung 7).

Verschlüsselung von Anmeldedaten Die Verschlüsselung von Anmeldedaten ist beim Cloud Computing von Zentraler Bedeutung[118] Passwörter werden hier mit Hash Funktionen verschlüsselt, diese sind Irreversibel und werden nach der Festlegung nur noch als Prüfsumme verwendet[119]. Die Verschlüs-

---

[116]Vgl Vollmer Timm 2012 Seite 67
[117]Rüdiger Schreiner 2009 Seite 154
[118]Vgl. Benedikt Höckmayr 2012 Seite 34-36
[119]Vgl. Erich Stein 2008 Seite 182

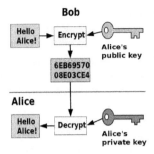

Figure 7: Asymetrische Verschlüsselung (Quelle: http://www.hsg-kl.de/faecher/inf/artikel/ppk.png)

selung von Passwörter ist unproblematisch und sollte in absolut jeder Produktiven Umgebung angewandt werden[120]. Idealerweise sollte man sogar auf kombinierte Hashfunktionen zurückgreifen[121].

Verschlüsselung von Gespeicherten Daten   Die Verschlüsselung gespeicherter Daten ist immer noch eines der großen Probleme in der IT Welt. Die meisten Mitarbeiter in einem Unternehmen schaffen es selbst heute nicht, ihre elektronischen Nachrichten zu verschlüsseln, - *auch wenn dies unkompliziert ist* - schwierig ist es also sie dazu zu bringen ihre Daten extra zu verschlüsseln[122].

Entschlüsselungsmechanismen

Brude Force   Das Brude Force Verfahren ist ein Verfahren bei dem wie der Name schon sagt mit Roher Gewalt vorgegangen und einfach probiert wird[123]. Natürlich mag dies zu aller erst mal nicht effektiv erscheinen, aber wenn man davon ausgeht dass ein leistungsstarker Rechner mit einem automatisierten Brude Force Programm 12 Millionen Kombinationen Pro Sekunde durcharbeiten kann, dann muss man durchaus eine Gefahr sehen[124].

Schutz   Vor Brude Force gibt es nur einen Schutz, und dieser ist, dass man die Anzahl der Zeichen die im Passwort vorkommen so hoch wie möglich hält. Das bedeutet wir nutzen kleine un große Buchstaben, alle Arten von Zeichen und auch Zahlen. Ein Passwort sollte mindesten zehn Zeichen lang sein und es sollten alle genannten Zeichen darin vorkommen, damit es als einigermaßen

---

[120]Vgl. Marit Hansen 2012 Seite 409
[121]Vgl. Vgl. Markus Kammermann 2011 Seite 53
[122]Vgl. Torsten Lesch 2002 Seite 103
[123]Vgl- Ralf Spennenberg 2005 Seite 774
[124]Vgl. http://www.zdnet.de/39147878/brute-force-passwoerter-knacken-mit-roher-gewalt/

sicher bezeichnet werden kann. Hier gilt ansonsten das Prinzip je mehr desto
besser[125].

Rainbowtables Rainbowtables sind Datenbanken in die alle Möglichen
Varianten von Verschlüsselungen von Hash Funktionen gespeichert haben. Im
Worst case muss man hier einen Hash nur noch eingeben und bekommt eine
Klartextausgabe eines Passwortes. Md5 gilt zum Beispiel als eine Hashfunktion
die nicht sicher ist, weil die Rainbowtables für diese Funktion so ausführlich
sind, dass man quasi jedes generierte Passwort hiermit knacken kann[126].

Schutz Vor Rainbowtables gibt es keinen richtigen Schutz. Es liegt am
Anbieter seine Hashfunktionen so zu wählen, dass dafür möglichst wenige Rainbowtables existieren. Kombinierte Hashfunktionen sind schwieriger zu knacken
als ein einzelner Hash, jedoch kaum schwieriger zu implementieren[127].

**3.2.Aktuelle Lage zur Stimmung im Technischen Sektor zu Cloud
Computing** Die Aktuelle Lage im Technischen Sektor auf der Seite der Anbieter zum Thema Cloud Computing ist eher Euphorisch.

Steve Ballmer (CEO Microsoft) bei einem Interview in Deutschland über
die möglichkeiten und welche Zukunft er für die Cloud sieht:

"The Cloud Computing is the biggest and most exiting oportunity in front
of us it is really a chance to build new Applications write Software that is
easier to build, cheaper tio deploy and Manage and give consumers a more
interessting and exiting expirience" [128]

SAP-CEO Bill McDermott auf die frage, was Cloud Computing für sein
Unternehmen in der Zukunft bedeuten wird: "Die Cloud ist ein wesentlicher
Bestandteil des künftigen Wachstums von SAP"[129]

Oracle-CEO Larry Ellison bei der Vorstellung des Hauseigenen Oracle Cloud
Systems:

"Nach sieben Jahren intensiver Entwicklung und zahlreichen Innovationen
sowie strategischen Akquisitionen und Investitionen in Milliardenhöhe, präsen-
tieren wir nun die umfassendste Cloud der Welt."[130].

Fachleute für die Cloud, sehen das Thema wesentlich kritischer

Marit Hansen (Stellvertretende Landesbeauftragte für Datenschutz Schleswig-
Holstein) über die Lagerung von Daten auf nicht lokalen Rechnern :

"Im besten Fall liegen auf den fremden Rechnern in der Cloud nie entschlüs-
selte Daten der Anwender vor."[131]

Thilo Weichert (Leiter des ULD) über die Probleme die entstehen könnten,
wenn Cloud Daten auf Server in einem anderen Land gelangen:

---

[125]Vgl Vollmer Timm 2012 Seite 67
[126]Vgl.Jayson E 2011 Seite 223
[127]Vgl. Markus Kammermann 2011 Seite 53
[128]Vgl. http://www.youtube.com/watch?v=IZZEEce5Bio
[129]Vgl. http://www.cio.de/bild-zoom/2297935/1/686419/EL_13231949246661330555654/
[130]Vgl.   http://www.saas-forum.net/blog/oracle-ceo-larry-ellison-stellt-cloud-strategie-
vor/12062012
[131]Vgl. Marit Hansen 2012 Seite 409

"Durch die Verlagerung des Ortes der Datenverarbeitung in einen anderen
Staat ergibt sich, dass Dritte, die keine Cloud- oder Ressourcen-Anbieter sind,
in diesem Staat möglicherweise tatsächlich und evtl. auch auf rechtlicher
Grundlage Zugriff auf diese Daten nehmen (dürfen)."[132]

Jim Whitehurst (CEO Red Hat)In einem Interview in dem er über die
Gefahren von Vendor Lock in bei Cloud Computing spricht[133]: "Don't Be
Tricked into Cloud-based Lock-in"[134]

Mario Meir-Huber (Technical Director Code Force) in einer Publikation
welche Probleme die Auslagerung der IT in Zukunft mit sich bringen kann:
"Sehr unangenehm ist es, wenn ein Cloud-Computing-Anbieter in Konkurs
geht" [135]

---

[132]Vgl.   https://www.datenschutzzentrum.de/cloud-computing/20100617-cloud-
computing-und-datenschutz.html

[133]Ein Vendor Lock in ist ein wirtschaftlicher Effekt der bedeutet, dass für einen Kunde
eine Abhängigkeit von einem Unternehmen durch bestimmte Entwicklungen entsteht, und
deswegen das Unternehmen eine Preisbildung unabhängig von der Konkurrenz und dem
Markt haben kann. Hierzu Vgl. Kapitel 5.4

[134]Vgl. http://www.forbes.com/sites/ciocentral/2011/05/03/redhat-ceo-whitehurst-dont-
be-tricked-into-cloud-based-lock-in/

[135]Meir-Huber 2010 Seite 213

4 Rechtliche Rahmenbedingungen für das Cloud Computing

4.1 Cloud Computing und das Deutsche Recht

Es gibt wenige Länder die in Sachen Datenschutz derart regulierend einwirken wie die Bundesrepublik[136]. Das hat natürlich auch seinen Grund, den bevor das Grundgesetz am 23 Mai 1949 in Kraft trat hatte man einen Krieg und eine Diktatur hinter sich. Durch diese Erfahrungen hatte man gelernt, dass man immer Freiheit benötigt um eine Freiheitliche Demokratische Grundordnung zu erhalten[137]. Diese Freiheit schließt den Schutz der Persönlichkeitsrechte ein die im Grundgesetz festgehalten sind. Im Rahmen des Datenschutzes darf man deshalb hier den Artikel 10 Paragraph 1 des Grundgesetzes auf keinen Fall vergessen "Das Briefgeheimnis sowie das Post- und Fernmeldegeheimnis sind unverletzlich.". Dies ist ein Gesetz auf welches man sich im Rahmen des Datenschutzes immer wieder berufen kann und es ist von Ausnahmen nahezu komplett ausgenommen.

1970 wurde im Bundesland Hessen aufgrund der wachsenden Bedeutung von Informationstechnologien das erste Datenschutzgesetz verabschiedet. Dieses Gesetz sollte für die neuen Umstände die sich durch die Datenverarbeitung ergaben eine bessere rechtliche Handhabe zur Verfügung stellen. [138]. 1977 zog der Bund dann mit einem Bundesdeutschen Gesetz nach. Das Bundesdatenschutzgesetz ist seither im wesentlichen der Maßstab für den Datenschutz in der Bundesrepublik[139].

Wann gilt das Deutsche Datenschutzgesetz ?

Da sich Deutschland innerhalb der Europäischen Union befindet, gilt das "Sitzstaatprinzip"[140]. Das bedeutet, dass das Europäische Datenschutzrecht - *Da die Nationalen Rechte durch Verträge an EU Richtlinien angepasst sind kann man hier also das Deutsche Recht anwenden* - in jedem Staat der EU anwendbar ist. Die Wichtigsten Voraussetzungen hierfür sind:

1. Das IT Dienstleistungsunternehmen fällt unter Deutsches Recht

2. Die Daten verlassen bei keinem vom Dienstleister angebotenen Prozess Deutschen Boden (Bzw. wenigstens nicht die EU)

3. Das Kundenunternehmen fällt unter Deutsches Recht.

es ist absolut unerlässlich die Folgenden 3 Punkte unbedingt einzuhalten, damit die Gebietshoheit für die Rechtlichen Belange absolut klar ist[141].

Personenbezogene Daten[142]

Daten, die nach Meinung des Gesetzgebers besonders schützenswert sind

---

[136]Vgl. Timm Vollmer 2008 Seite 81

[137]Vgl. Marie-Theres Tinnefeld 2012 Seite 37-38

[138]Vgl. http://www.hessen.de/irj/hessen_Internet?cid=098693b3bbacadc19b81045a1c2300f2

[139]Vgl. Marie-Theres Tinnefeld 2012 Seite 113

[140]Vgl. Höllwarth 2011 Seite 79

[141]Vgl. Höllwarth 2011 Seite 80

[142]*Bundesdatenschutzgesetz §3 Absatz 1 "Personenbezogene Daten sind Einzelangaben über persönliche oder sachliche Verhältnisse einer bestimmten oder bestimmbaren natürlichen Person"*

und deren Missbrauch nach Möglichkeit schon durch Anonymisierung und Nichterhebung geschützt werden sollen[143]. Außerdem können Daten nur erhoben werden, wenn eine Person ausdrücklich der Erhebung zugestimmt hat [144]. Alle Institutionen die über personenbezogene Daten verfügen sind dazu verpflichtet einen Datenschutzbeauftragen zu ernennen der die Belange des Datenschutzes vertritt und durchzusetzen hat, dieser muss natürlich über die entsprechende Eignung verfügen[145]. Mitarbeiter eines Unternehmens, die Zugriff auf personenbezogene Daten haben sind dazu verpflichtet absolutes stillschweigen über diese Daten zu wahren, sowohl während ihres Arbeitsverhältnisses, als auch unbegrenzt darüber hinaus[146]. Erhobene Daten müssen unverzüglich vollständig gelöscht werden, wenn dies von den Personen von denen die Daten erhoben wurden gewünscht wird[147].Sollten durch die unsachgemäße Behandlung der Daten für die Personen deren Daten erhoben wurden Schäden entstehen, so sind diese Schäden von dem datenverarbeitenden Unternehmen bzw. der Datenverarbeitenden Person zu ersetzen[148]. Ausgenommen sind hier lediglich öffentliche Stellen deren Haftung für Einzelpersonen auf 130.000 € begrenzt ist[149].Einen besonderen Status haben neben den personenbezogenen Daten natürlich alle Daten die kritische Informationen beinhalten und zusätzlich von einer Geheimhaltungspflicht betroffen sind zum Beispiel Medizinische Daten, Rechtliche Daten oder Finanzielle Daten[150].Die nächste Ebene von Daten, welche zu schützen sind, sind Daten welche den Erfolg des Unternehmens direkt beeinflussen. Jedes Unternehmen ist natürlich daran interessiert, das derartige Unternehmensinterna[151] nicht nach außen gelangen, sondern Betriebsgeheimnisse bleiben. Hierbei handelt es sich insbesondere um Daten welche im Unternehmen nur einem bestimmten Personenkreis zugänglich sind.Die unsachgemäße Behandlung dieser Betriebsgeheimnisse oder die Absichtliche wie auch unabsichtliche Weitergabe, werden Rechtlich verfolgt[152][153][154][155][156][157][158][159].

Verträge über IT Dienstleistungen

IT Dienstleister verkaufen ihre Leistungen offiziell natürlich als Komplettpacket.Rechtlich gesehen ist dies jedoch absolut nicht der Fall. So ist zum Beispiel die verein-

---

[143]Vgl. *Bundesdatenschutzgesetz* § 3a Datenvermeidung und Datensparsamkeit

[144]Vgl. *Bundesdatenschutzgesetz §4a Einwilligung*

[145]Vgl. Bundesdatenschutzgesetz § 4f und folgende Beauftragter für den Datenschutz

[146]Vgl. Bundesdatenschutzgesetz § 5 Datengeheimnis

[147]Vgl. Bundesdatenschutzgesetz § 6 Rechte des Betroffenen

[148]Vgl. Bundesdatenschutzgesetz § 7 Schadensersatz

[149]Vgl. Bundesdatenschutzgesetz § 8 Schadensersatz bei automatisierter Datenverarbeitung durch öffentliche Stellen

[150]Vgl. Höllwarth 2011 Seite 75

[151]Hierbei kann es sich zum Beispiel um Innovative Konzepte, Patente, Lizenzen, Baupläne oder ähnliches Handeln.

[152]Vgl. AktG § 404

[153]Vgl.GmbHG § 85

[154]Vgl.StGB § 203

[155]Vgl.StGB § 353b

[156]Vgl.StGB § 355

[157]Vgl. UWG § 17

[158]Vgl.UWG § 18

[159]Vgl.UWG § 19

barte Nutzung der Server des Dienstleisters ein Teil eines Mietvertrages [160].
Die Nutzung der Software wiederum kann rechtlich wieder ganz anderen Umständen unterworfen sein [161]. Die Wartung und der Support sind zum Beispiel
Bestandteil eines Dienstleistungsvertrages [162]. Dies beinhaltet natürlich aber
auch, dass die erfüllung der Vertragspflichten unterschiedlichen Rechtlichen
Grundlagen unterliegen und bei einem Streitfall auch dementsprechend unterschiedlich behandelt werden[163].[164]

4.1.1 Aktuelle Lage zur Stimmung im Rechtlichen Sektor

Dr. Thomas Lapp (Mitglied im Geschäftsführenden Ausschuss der DAV-
Arbeitsgemeinschaft Informationstechnologie) während der Cebit zu der Frage
ob Cloud Computing und Datenschutzvereinbar seien:„Wir fordern die Anbieter von Cloud Computing auf, bei ihren Angeboten die Sicherheit und den
Schutz der Daten zu beachten und dadurch dem Wunsch der Bürger und der
Wirtschaft nach Sicherheit ihrer personenbezogenen Daten und Betriebsgeheimnisse Rechnung zu tragen"[165]

Dr. Eva Maria Brus (Kanzlei Wilde Beuger Solmecke Rechtsanwälte) bei
einem Interview vor einer Sitzung für Rechtssicherheit in der Cloud auf die
Frage welche Gesetze für das Cloud Computing Anwendung finden "Das Problem ist halt, dass kann man so gar nicht zusammenfassen. Denn für das Cloud
Computing selbst gibt es kein Gesetz. Gerade im allgemeinen Zivilrecht sind
viele Gesetze anwendbar. Es kommt darauf an mache ich Software, oder ist
es ein Servicevertrag oder miete ich nur Datenspeicherplatz an. Ob es dann
Mietvertragliche Regelungen sind, ob wir im Werkvertragsrecht sind oder ob es
ein Dienstleistungsvertrag ist da können wir jedem nur das komplette Bürger-
liche Gesetzbuch ans Herz legen. Datenschutzrechtlich gilt das Bundesdatenschutzgesetz, da lohnt sich schon mal ein Blick rein zu werfen. Was man eben
nur empfehlen kann ist es individuell vertraglich zu regeln, weil gerade wenn
wir jetzt überlegen es wird Werk vertraglich gearbeitet ich möchte etwas entwickelt haben, da ist da ist einfach ein normales Gewährleistungsrecht, wie
es im Bürgerlichen Gesetzbuch geregelt ist, nicht besonders auf die Cloud an-
gelegt weil es keine unterschiedlichen Fehlerklassen gibt. Man kann da ganz
beherzt sein und alles Lesen, oder Vertragliche Regelungen treffen" [166].

Dr. Anselm Brandi-Dohrn (Vorsitzender der DGRI) Während der Cebit
über die Auslagerung von Informationen in doe Cloud "Es genügt nicht, die im
Bundesdatenschutzgesetz zwingend vorgeschriebene schriftliche Vereinbarung
mit einem Zehn-Punkte-Katalog von Maßnahmen zum Datenschutz und zur

---

[160]Vgl. BGB § 535 Inhalt und Hauptpflichten des Mietvertrags

[161]Vgl. Pahlow 2006 Seite 258

[162]Vgl. BGB § 611 Vertragstypische Pflichten beim Dienstvertrag

[163]Vgl.BGB § 536a BGB Schadens- und Aufwendungsersatzanspruch des Mieters wegen
eines Mangels

[164]Vgl. BGB § 628 Teilvergütung und Schadensersatz bei fristloser Kündigung

[165]Vgl. http://www.it-business.de/index.cfm?pid=2399&pk=253091

[166]Vgl. http://www.wbs-law.de/internetrecht/cloud-computing-ein-zukunftsmarkt-was-
dabei-zu-beachten-ist-21811/

Datensicherheit vorzulegen"[167]

---

[167]Vgl. http://www.it-business.de/index.cfm?pid=2399&pk=253091

5 Risiken und Risikomanagement beim Cloud Computing

5.1 Sicherheitsbedenken

Innere Sicherheit Wenn man von der inneren Sicherheit in einem Unternehmen spricht meint man vor allem das Vorgänge die sich innerhalb der Wände des Unternehmens abspielen nicht nach außen getragen werden. Genauso gilt das auch dafür kritische Informationen die für das Unternehmen von Bedeutung sind auch im Unternehmen bleiben. Kritische Informationen können hier selbstverständlich auch Daten jedweder Art sein, die Digital gespeichert werden[168]. Im wesentlichen gibt es drei Faktoren die die innere Sicherheit bedrohen.

1. Zu geringe interne Sicherheitsvorschriften

Innerhalb eines Daten verarbeitenden Betriebes muss zu jedem Zeitpunkt klar sein, dass die Daten die verarbeitet werden das höchste Gut sind welches dem Betrieb anvertraut wird. Im alltäglichen Gebrauch wird das sicher schnell vergessen, deswegen sollten Sicherheitsabfragen oder Mechanismen die Mitarbeiter ständig daran erinnern[169]. Zu keinem Zeitpunkt darf ein lockerer Umgang geduldet werden immerhin hängt die Existenz des Unternehmens davon ab[170]. Auch muss man sich klar machen, dass nicht jeder Mitarbeiter auf alle Daten Zugriff haben muss[171], mit Gedanken an die Datensparsamkeit[172] sollte sogar darauf geachtet werden das möglichst jeder Mitarbeiter nur auf die Datenzugriff hat, welche unbedingt relevant für seine direkte Arbeit sind[173]. Außerdem muss stets darauf geachtet werden, dass Datenfreigaben für Mitarbeiter stets aktualisiert werden. Passwörter, Freigaben oder sogar physischer Zugang dürfen nur Mitarbeitern gestattet sein, die auch die nötige Kompetenz haben[174].

2. Mitarbeiter die nicht Vertrauenswürdig sind

Ein Unternehmen kann heute nicht mehr von der Vertrauenswürdigkeit eines Mitarbeiters ausgehen. Insbesondere wenn ein Mitarbeiter neu in einem Unternehmen ist. Man muss also eine Variante finden, bei der die Sicherheit von Unternehmensrelevanten Informationen gewährleistet werden kann, aber gleichzeitig dem Mitarbeiter nicht komplett das Vertrauen abgesprochen wird. Zugleich sollte immer zumindest eine grobe Prüfung des Mitarbeiters erfolgen. Verdächtigungen helfen niemand weiter, wenn also ein neuer Mitarbeiter eingestellt wird muss dass Vertrauen so weit vorhanden sein dass der neue Mitarbeiter zumindest keine spürbare Präsenz von Misstrauen bemerkt[175].

3. Mitarbeiter die unzufrieden sind

---

[168]Vgl. Joachim Zülich 2006 Seite 44
[169]Vgl. Norbert Preuß 2009 Seite 567
[170]Vgl. Ernst Tiemeyer 2009 Seite 513
[171]Vgl. Ernst Tiemeyer 2009 Seite 511
[172]Vgl. Kapitel 4.1
[173]Vgl. Kapitel 5.3
[174]Vgl. Ernst Tiemeyer 2009 Seite 509
[175]Vgl. Joachim Zülich 2006 Seite 44

Unzufriedene Mitarbeiter sind das schlimmste, was einem Unternehmen passieren kann. Nicht nur , dass Unzufriedenheit zu einer schlechteren Arbeitsleistung[176] führt, aber die Unzufriedenheit bei Personen in Sicherheitsperimetern kann desaströse folgen haben[177]. Unzufriedene Mitarbeiter können leichter für kriminelle Handlungen oder die Beihilfe dazu verführt werden.Ein Inneres Leck ist das schlimmste was einem Unternehmen passieren kann, dass sollte man sich immer vor Augen halten.

Äußere Sicherheit

Hacker/Terrorismuss Für nicht kommerziell interessierte Hacker stellen hohe Sicherheitshürden immer einen besonderen Reiz da, da die meisten Hacker eine Herausforderung suchen. Ein gut Geschütztes Rechenzentrum wäre somit die ideale Möglichkeit seine Fähigkeiten zu testen[178]. Sie können sich austoben, richten dabei in der Regel allerdings nicht wesentlichen Schaden an da sie ja nur neugierig sind, auch verkaufen sie kritische Daten in der Regel nicht[179]. Wenn man lediglich darauf konzentriert ist Sicherheitslücken zu finden, dann wird man das früher oder später auch schaffen vor allem wenn man sich schon ein umfassendes Wissen angeeignet hat. Da diese Art von Hackern ein wenig sinniges Motiv für ihre Taten hat ist es sehr schwierig herauszufinden von wo ein derartiger Angriff kommt, schließlich sind diese Hacker in der Regel schon von Kindheit an dabei und wissen auch wie man sich im Netz versteckt[180].

Weit gefährlicher sind Hacker welche sich zu Politischen Interessengruppen oder sonstigen Aktivistengruppen zusammenschließen diese sind mittlerweile sehr zahlreich und weltweit verteilt [181]. Dadurch das sie ihre Fähigkeiten nicht mehr aus neugier Nutzen sondern aus anderen Motiven können sie für kritische Daten extrem gefährlich werden[182] [183]. Sie sind bereit ohne sich über die Folgen ihres Handelns bewusst zu sein gegen jeden vorzugehen. Selbst wenn ein Unternehmen nicht im Fokus ihrer Aktivitäten liegt können sie riesige Schäden verursachen, denn immerhin sind die Daten in der Cloud ja nur noch Virtuell geschützt. Das heißt sollten Hacker ein Rechenzentrum angreifen, werden auch die Firmen die mit dem Angriff gar nichts zu tun haben dadurch Schaden nehmen[184]. Punktuelle Angriffe sind in Rechenzentren in denen alle Daten geballt gelagert werden nämlich nicht mehr möglich. Außerdem wird der physische Schutz (Abschirmung vom Internet) der bisher genutzt wurde

---

[176]Vgl. Hans-Jörg Bullinger 2003 Seite 392

[177]Vgl. Jobst-Ulrich Brand 2012 (keien Seitenzahl vorhanden deswegen unter dem Abschnitt „Was unzufriedene Mitarbeiter Anrichten können)

[178]Vgl. http://www.computerwoche.de/karriere/karriere-gehalt/575101/

[179]Vgl. Steffen Stempel 1996 Seite 31

[180]Vgl. Markus Schumacher 2002 Seite 95-97

[181]Vgl. Markus Schumacher 2002 Seite 102

[182]Vgl. http://www.tagesspiegel.de/politik/anonymous-angriff-hacker-stellen-rechte-an-den-internet-pranger/6016690.html

[183]Vgl. http://www.welt.de/wirtschaft/webwelt/article13477690/Hacker-nennen-politische-Motive-fuer-Angriff-auf-Zoll.html

[184]Vgl. Kornel Terplan 2011 Seite 83

vom Cloud Computing anulliert[185].

Natürlich gibt es auch solche Hacker, die lediglich finanzielle Interessen haben diese sind in der Regel in einer größere Organisation[186]. Hierbei wird versucht über Hacking an Kritische Daten zu kommen. Mit diesen Daten können zum Beispiel Erpressungen durchgeführt werden Kriminelle Organisationen haben ein großes Interesse an Material zu kommen mit welchem sie Erpressungen durchführen können[187]. Zudem sollte jedem klar sein, dass Kriminelle Organisationen über die Finanziellen Mittel verfügen sich ein Heer an Hackern anzustellen[188]. Zuletzt sollte gesagt sein das vor allem auch Staaten die den Diebstahl von Daten unterstützen eine große Gefahr darstellen. Zwar werden derartig gestohlene Daten nicht unmittelbar für kriminelle Handlungen verwendet, jedoch muss sich jeder darüber im klaren sein das ein gestohlenes Betriebsgeheimnis oder gar eine Patentlösung ein verlust für das Unternehmen ist, welcher sich mit Geld nicht aufwiegen lässt. Vor allem in einigen Schwellenländern wird der Diebstahl von Daten bewusst toleriert oder sogar noch unterstützt. [189]
. Nicht zuletzt sollte man den Faktor des Terrorismus nicht außer acht lassen. In einer Zeit in der Atomkraftwerke, Verteidigungsministerien oder andere wichtige Gebäude Ziele von Terrorismus werden, kann davon ausgegangen werden das ein Rechenzentrum ebenfalls schnell ein Ziel wird, sollte sich dadurch effektiv schaden verursachen können[190]. Terroristen könnten auf verschiedenste weisen ein Rechenzentrum sabotieren[191]. Ein Hacker angriff wäre hier genauso denkbar wie ein Sprengstoffanschlag bei dem womöglich das ganze Rechenzentrum vernichtet werden könnte, wenn diese vielleicht auch keine Hauptziele sein sollten[192].

Industriespionage Industriespionage ist schon seit jeher ein Problem, vor allem die Datenverarbeitung hat es vereinfacht, schnell an viele Informationen zu kommen[193]. Das Cloud Computing jedoch kann dies noch weiter vereinfachen, da keine physischen Hindernisse mehr zwischen den Daten und den Spionen liegen. Sie müssen nur noch die Sicherheitsvorkehrungen des Cloud-systems durchbrechen, und können dann Zugriff auf unter Umständen kritische Informationen gewinnen. Auch "legale" Spionage die durch Staatliche Gesetze geschützt ist nimmt immer mehr zu, wobei man dies mit der Wahl des Anbieters lösen könnte, dabei muss man aber eben 100% sicher sein, dass der Anbieter auf keinen Fall unter ein anderes Datenschutzgesetz fällt (Siehe

---

[185]Vgl. Marie-Theres Tinnefeld 2012 Seite 416
[186]Vgl. Markus Schumacher 2002 Seite 97
[187]Vgl. Detlef Kröger 2002 Seite 610
[188]Vgl. Lars Johannes Gerdes 2007 Seite 88
[189]Vgl. http://www.handelsblatt.com/technologie/it-tk/it-internet/gezielte-angriffe-chinas-hacker-werden-immer-dreister/6209224.html
[190]Vgl. Ulrich Schäfer 2011 Seite 52
[191]Vgl. Markus Schumacher 2002 Seite 135
[192]Vgl. Ulrich Schäfer 2011 Seite 10
[193]Vgl. http://www.spiegel.de/wirtschaft/unternehmen/jedes-zweite-deutsche-unternehmen-von-wirtschaftsspionage-betroffen-a-829055.html

Risikomanagement). [194].

Höhere Gewalt Ein Unternehmen, welches nicht über Redundante Rechenzentren verfügt, kann ganz schnell Ausfälle haben, wenn es zu Fällen von höherer Gewalt kommt [195]. In Folge dessen, kann der Cloud Anbieter nicht haftbar gemacht werden.

Es werden regelmäßig Bauarbeiten durchgeführt, und die Verletzung eines Verbindungskabels ist ebenso leicht möglich wie die eines Wasserrohrs oder Stromkabels. Da zivile Rechenzentren in der Regel weder mit Bandbreite, noch mit Strom redundant versorgt werden, kann ein schaden durch Bauarbeiten schon mal zu einem stundenlangen Ausfall der Dienste kommen.

Blitzeinschläge können für Spannungsspitzen sorgen. Natürlich können Blitzeinschläge immer Rechenzentren von Unternehmen treffen und schützen kann man sich so gut wie nicht[196]. Wenn man nun aber bedenkt das in einem Rechenzentrum für eine Cloud unter Umständen nicht die Daten von einem Unternehmen sondern die Daten mehreren Unternehmen lagern könnten, dann muss man unweigerlich zu dem Schluss kommen, dass solch ein Zentralisiertes Rechenzentrum natürlich auch ein großes Gefahrenpotential birgt[197].

Stromausfälle sind in Deutschland extrem selten das Netz ist sehr stabil und wird nur selten überlastet[198]. [199].

5.2 Nicht erreichbarkeit der Cloud Dienste

Konkurs des Anbieters Wenn man davon ausgeht, dass Cloudanbieter in Zukunft die akkumulierten Daten von vielen verschiedenen Unternehmen in einem oder auch mehreren Rechenzentren vereinen[200], wie würde sich ein Konkurs des Anbieters auswirken ? Die Geschichte hat uns gelehrt, dass praktisch jedes Unternehmen in eine Lage rutschen kann aus der es nicht mehr herauskommt, sei es nun aus Gier, Misswirtschaft oder welchen Gründen auch immer[201]. Somit ist der Konkurs eines Cloud Anbieters keineswegs ausgeschlossen. Auch sollte man in betracht ziehen das sicherlich kein Anbieter auf der Welt freiwillig Worst Case Szenarien für seinen Konkurs plant - auch wenn das vielleicht sehr sinnvoll wäre - somit bleibt ein solches Szenario ein Damoklesschwert über den Daten der Kunden[202].

---

[194]Vgl. http://www.computerbild.de/artikel/cb-Aktuell-Sicherheit-Facebook-Google-Dropbox-Cloud-Datenschutz-Geheimdienste-6413576.html

[195]Vgl. Ulrich Huber 1999 Seite 74

[196]Vgl. Achim Feyhl 2004 Seite 239

[197]Vgl. Kornel Terplan 2011 Seite 83

[198]Vgl. Matthias Popp 2010 Seite 135

[199]Vgl. http://www.kabel-internet-telefon.de/news/6088-bagger-zerstoert-primacom-breitband-glasfaserkabel-in-halle-a-d-saale

[200]Vgl. Kornel Terplan 2011 Seite 83

[201]Vgl. Bernhard Beck 2011 Seite 101

[202]Vgl. Meir-Huber 2010 Seite 213

Selbst wenn die Daten nicht verloren gehen sollten, müssen die Systeme erst wieder umgestellt werden. Die Software des alten Anbieter ist mit hoher wahrscheinlichkeit nicht auf den neuen Anbieter zu exportieren. Ebenso die Speicherformate welchen mit der Software des alten Anbieters gespeichert wurden. Unter Umständen erlaubt ein neuer Anbieter auch gar nicht die Software des alten Anbieters. Es erscheint auf den ersten Blick vielleicht nicht so kritisch, aber selbst wenn ein Unternehmen nach Konkurs eines Anbieters nur ein paar Tage ohne seine Dienste oder auch mit behelfsmäßigen Diensten auskommen müsste, so kann dies ihn teuer zu stehen kommen[203]. Immerhin muss man damit rechnen, dass die gespeicherten Daten aufwendig konvertiert werden müssen, falls sie überhaupt konvertiert werden können. Somit ist für den Kunden dieses Szenario im geringsten Fall ärgerlich und er muss sich darauf vorbereiten, dass er tagelang ohne Datenverarbeitung arbeiten muss. Im schlimmsten Fall allerdings sind die Daten dauerhaft nicht erreichbar[204]. Wer schon mal einen Datenretter konsultiert hat, weiß dass so etwas im kleinen Maßstab sehr teuer ist, sicherlich wird es im Maßstab den ein Unternehmen aufweist nicht günstiger werden[205].

Fehler bei der IT des Anbieters Menschen machen Fehler, und selbstverständlich sind auch die Mitarbeiter eines Cloud Dienstleisters nur Mensch. Nahezu jeder Internet basierte Dienst hatte schon mal aus irgendwelchen Gründen Ausfälle zu verzeichnen, selbst die größten und fortschrittlichsten[206] [207]. Und mit Sicherheit wird sich auch in Zukunft daran nichts ändern. Die Fehlerbandbreite kann sich über ein nahezu unübersehbares Feld ziehen. Wenn man nun bedenkt, dass die traditionellen Browseranwendungen bereits Probleme zu verzeichnen hatten die ja teilweise schon seit Jahren in betrieb sind und deren Administratoren und Technischem Personal man aufgrund dessen eine große Erfahrung und Kompetenz einräumen kann, dann sollte man darüber nachdenken wie sich sowohl die Fehler Quote als auch ihre schwere verhalten könnte, wenn man davon ausgeht, dass das Personal eben nicht auf schon jahrelangen Betrieb zurückblicken kann[208].

5.3 Risikomanagement bei 5.1 bis 5.2

Diese Probleme können auf Kundenseite sehr einfach gelöst werden denn es gibt die sogenannte "Euro Cloud Star Audit" Zertifizierung für SaaS - SaaS ist der einzige Cloud Service, bei dem der Cloud Anbieter in vollem Umfang haftbar gemacht werden kann - [209]. Anbieter die diese Zertifizierung erlangt haben müssen bestimmte Vorrausetzungen erfüllen. Für drei Sterne zum Beispiel

---

[203]Vgl. Christof Meinel 2011 Seite 41
[204]Vgl. Christof Meinel 2011 Seite 43
[205]Vgl. Datenschutz schnell kompakt 2012 Seite 190
[206]Vgl. http://www.zeit.de/digital/internet/2012-03/facebook-ausfall
[207]Vgl. http://www.stern.de/digital/online/google-ausfall-eine-lektion-in-abhaengigkeit-700921.html
[208]Vgl. Karlheinz Thies 2008 Seite 41-42
[209]Günther 2011 Seite 85

(Siehe Tabelle 1) (um ein Kriterium mit einer bestimmten Anzahl von Sternen zu erfüllen, müssen natürlich auch die Kriterien erfüllt sein, die man für die Sterne davor benötigt.) [210]. Der Anbieter muss natürlich allerhand Kriterien erfüllen um dem ganzen gerecht zu werden, allerdings bietet eine Zertifizierung auch für den Anbieter Vorteile, zum Beispiel das er sich nach klaren Richtlinien ausrichten kann, oder dass er durch eine Zertifizierung sein Image verbessern kann[211].

(Tabelle 1)

Kategorie	Einreichung	Fokus	S
Vertrag & Compliance	Kündigungs-Regelungen	Prüfen aller Kündigungsvereinbarungen	1
Vertrag & Compliance	Datenübergabe-Regelungen	Prüfen des Datenübergabeprozesses mit Beispielen	1
Vertrag & Compliance	Datenschutz-Anforderung	Analyse des gesamten Datenschutzbereiches	1
Vertrag & Compliance	Datenlöschung bei Beendigung	Prüfen des Datenlöschungsverfahrens	1
Betrieb Infrastruktur	Nachweis Minimal-Anforderungen RZ Betrieb	Analyse bestehender Zertifizierungen oder vor Ort Begutachtung	1
Vertrag & Compliance	SLA Review	Prüfen der Servicezusagen	2
Betrieb Infrastruktur	Nachweis Redundante Auslegung der Grundversorgung	Analyse bestehender Zertifizierungen oder vor Ort Begutachtung	2
Anwendungen	Schnittstellen, API, Exportformate	Analyse Exportformate hinsichtlich prinzipieller Migrationsfähigkeit	2
Vertrag & Compliance	Wahlmöglichkeit des Gerichtstandes	Prüfung der Vertragsangaben	3
Implementierung	Implementierungs-Konzept	Anwendersupport für Erstnutzung und Schulungsangebote	3
Implementierung	Bug-Management	Prüfung der Supportfunktionen	3
On-Site Audit	Prüfung Service Level und Prozesse	Sonderprüfliste	3

Figure 8: Tabelle Zertifizierung (Quelle:http://www.saas-audit.de/426/anforderungen/)

Für Anbieter ist es natürlich wichtig immer Ersatzserver zu haben für Notfälle.[212]Ein Unternehmen kann die Integrität seiner Mitarbeiter nicht ohne weiteres garantieren. Und als Kunde ist es auch so gut wie unmöglich dies zu Prüfen. Eine mögliche Variante wäre eine Zertifizierung nach AEOS und AEOF. Die Kriterien sind eigentlich für Handelsunternehmen im Europäischen Binnenmarkt ausgelegt und umfassen vor allem Wirtschaftliche Posten. Jedoch wurden AEOS und AEOF als Zusatzzertifizierungen etabliert um mehr auf Sicherheitsaspekte Rücksicht zu nehmen insbesondere die Überprüfung der Mitarbeiter und die Installation von Sicherheitsausweisen bzw. erweiterten

[210]Vgl. http://www.saas-audit.de/426/anforderungen/
[211]Vgl. Höllwarth 2011 Seite 237-242
[212]Vgl. Christof Meinel 2011 Seite 56

Sicherheitsmechanismen[213] im Unternehmen kann ein zusätzlicher Schutz sein und auch ein nachvollziehbares Argument für einen Anbieter wenn er dieses Zertifikat vorweisen kann.[214]

Aber natürlich sind solche Zertifikate auch nur bedingt eine Lösung um zum Beispiel eine richtige Authorisations-Hierarchie zu haben sollte man sich eigene Firmen interne Möglichkeiten einfallen lassen um dafür zu sorgen das die Daten geschützt sind. Hierbei haben Zugangsberechtigungen[215] entscheidend zum Erfolg beigetragen. Die Zugangslevel kann man beliebig gestalten. Um dies zu verdeutlichen ein kleines Beispiel:

Ein Cloud Unternehmen verwaltet bietet Anwendungen im Geschäftsbereich an. Die Anwendungen umfassen Personalabteilungen (Angestelltenverwaltung, Lohn und Gehaltsverwaltung, Zeiterfassung) Marketingabteilungen (Strategisches Marketing, Modelle zu Erfolgsdarstellung, Produktportfolios) die Lagerverwaltung (Aufträge, Mengenverwaltung, Zu und Abgang von Gütern) Die Entwicklungsabteilung (Forschung von neuen Produkten Verbesserung von alten Produkten) Einkauf und Distribution (Lieferanten Adressen, Bestellmengen, Rechnungen, Aufträge, Absatzkennzahlen)

Das Unternehmen nutzt eine Buissnesanwendung die alle diese Bereiche abdeckt. Das beauftragte Cloud Unternehmen hat seinen Standort und seine Rechtszugehörigkeit in Deutschland wie auch das Auftraggeberunternehmen und die Daten fallen somit unter Deutsches Recht. Die Zugangsberechtigungen der Mitarbeiter im Cloud Unternehmen ist in fünf Stufen unterteilt (siehe Grafik)

---

[213]Vgl. Norbert Preuß 2009 Seite 567

[214]Vgl. http://www.zoll.de/DE/Fachthemen/Zoelle/Zugelassener-Wirtschaftsbeteiligter-AEO/Bewilligungsvoraussetzungen/bewilligungsvoraussetzungen_node.html#doc187480bodyText4 (Terrorismusverordnung)

[215]Vgl. Norbert Preuß 2009 Seite 567

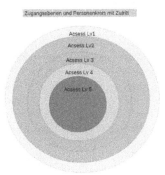

Figure 9: Sicherheitstufen Mögliche Umsetzung von Sicherheitsbereichen nach Vorbild Norbert Preuß 2009 Seite 567

Diese Stufen könnte man im Verhältnis auf die vorhin genannten Daten folgendermaßen aufteilen(nach Prioritäten die der Wichtigkeit und Schützenwertigkeit die die Daten haben):

Personalabteilungen

Angestelltenverwaltung	LV5
Lohn und Gehaltsverwaltung	LV5
Zeiterfassung	LV4

Marketingabteilungen

Strategisches Marketing	LV3
Modelle zu Erfolgsdarstellung	LV1
Produktpotfolios	LV2

Lagerverwaltung

Aufträge	LV4
Mengenverwaltung	LV4
Zu und abgang von Gütern	LV4

Die Entwicklungsabteilung

Forschung von neuen Produkten	LV5
Verbesserung von alten Produkten	LV5

Einkauf und Distribution

Lieferantenadressen	LV1
Bestellmengen	LV4
Rechnungen	LV5
Aufträge	LV5
Absatzkennzahlen	LV5

5.4 Der Vendor Lock In

Durch Verlust der eigenen Kompetenzen Man muss sich darüber im klaren sein, dass man seine nach einer Auslagerung seiner IT-Dienste in die Cloud auch seine eigenen Kompetenzen abbauen muss[216]. Denn die Kosten für eine Cloud Lösung müssen ja zumindest teilweise aufgefangen werden. Somit wird man vom Anbieter der Dienste immer abhängiger, weil man nicht mehr über eigene Kompetenzen für Umsetzungen verfügt[217]. Außerdem nutzt man ja auch die Software des Anbieters über welche nur er selber verfügen kann. Modifikationen sind somit nur noch mit Genehmigung das Anbieters möglich (hier sollte er aus eigenem Interesse natürlich in der Regel kulant sein). Man hat nicht mehr die eigenen Kompetenzen um Modifikationen schnell und unkompliziert durchzuführen[218]. Man muss seine Überlegungen sehr genau machen, denn wenn man davon ausgeht was eine Fachkraft kostet bzw. das eine Neuanwerbung sogar noch teurer ist, dann kann es ein sehr kostspieliges Unterfangen mit durchschnittlich für eine IT Fachkraft in einer Leitenden Position c.a. 64.900€ im Jahr, für eine Fachkraft im Bereich Softwareentwicklung c.a. 39.444€ im Jahr, eine Fachkraft im Bereich Datenbankadministration c.a. 35.978€ im Jahr, im Bereich System und Netzwerkadministration c.a. 30.000€ im Jahr [219] werden sollte der Umstieg auf das Cloud Computing scheitern.

Durch abhängigkeit an den Anbieter Anbieter verwenden heute schon hoch komplexe Technologien diese sind in der Regel nicht kompatibel mit denen von Konkurrenzunternehmen. So versuchen sich die Anbieter zu schützen. Allerdings könnte dies auf Dauer natürlich dazu führen, dass die Kunden dieser IT Dienstleister immer leichter unter Druck geraten können, weil sie in eine Abhängigkeitssituation sind. Ist ein Wechsel nicht mehr ohne weiteres möglich, könnte der Anbieter vielerlei Arten von Forderungen machen, und durch seine Vormachtstellung könnte er diese quasi diktieren[220]. Beispiele für Verfahren von Inkompatibilität gibt es reichlich. Die am weitesten verbreitete und vermutlich auch am einfachsten umsetzbare Möglichkeit wäre hier die, ein eigenes Speicherformat, welches nicht von anderen Anwendungen außer der eigenen geladen werden kann bzw. zumindest nicht geladen werden kann, ohne Fehler zu erzeugen. Bereits in der Vergangenheit haben Unternehmen durch Inkompatibilitäten versucht andere Software von ihren Verkaufsdomänen fern zu halten. Besonders zu nennen wäre hier natürlich Microsoft Office, die Office war nie mit Konkurrenz Produkten (z.B.Open Office) beziehungsweise zumindest nicht vollständig zu diesen Kompatibel[221]. Natürlich ist es eine freie Entscheidung des Softwareherstellers, wie er seine Speicherformate etc. wählt. Allerdings will natürlich dieser sich am Markt etablieren und wird hierfür alle legalen Möglichkeiten verwenden. Hiermit wird eine künstliche Hürde geschaffen einen

---

[216]Vgl. Elmar Bräkling 2012 Seite 106
[217]Vgl. Arnold Picot 2011 Seite 15
[218]Vgl. Tanja Salmen-Fuchs 2007 Seite 10
[219]Vgl. http://www.it-jobs.stepstone.de/content/de/de/b2c_gehaltsstruktur.cfm
[220]Vgl. Günther 2011 Seite 87
[221]Vgl. Christof Meinel 2011 Seite 41

Anbieter zu wechseln, weil ein Aufwand für den Wechsel unverhältnismäßig hoch wird. Die Ausnahme bildet hier ein Anwender der es geschafft hat Speicherformate von anderen Anwendern zu portieren[222], doch dass ist in der Regel nicht ganz einfach, weil die Hersteller oft versuchen ihre Produkte inkompatibel zu anderen Produkten herzustellen[223].

Planbarkeit der Kostenentwicklung Sollte ein Cloud Kunde jemals in einen Lock in geraten, dann könnte der Dienstanbieter seine Preise beliebig und vor allem unabhängig vom Markt entwickeln. Wenn man dies mit einem regulären Markt vergleicht, wäre der Anbieter dann in einer ähnlichen Stellung wie ein Monopolist oder ein Preisführer[224]. Dies bedeutet das der Anbieter seinen Preis nicht mehr konkurrenzfähig halten muss, sondern seine Preisbildung nach dem Counorschen Punkt ausrichten kann was bedeutet das der Anbieter eine eine Gewinnmaximierung für Preis und Menge erzielen möchte. Da man bei einem Cloud Produkt die Menge nur schwer ausmachen kann, wird es hier wohl eher um die Größe des "Cloudvertrages" gehen und die Menge der angebotenen Leistungen[225]. Die Spanne die sich ergibt zwischen einer Gewinnmaximiertorientierten Preisbildung in einem Monopol und die Konkurrenz orientierte selbstkostendeckenden Preisbildung in einem Polypolen oder zumindest Oligopolen Markt, dann wird einem schnell klar das der Vendor Lock in sehr teuer werden kann[226]. Ein Beispiel aus der Realität das jeder kennt sind hier die Druckerpatronen an PC-gesteuerten Druckern. Der Einstieg wurde einem in der Regel sehr leicht gemacht, die Drucker gab es zu Spottpreisen. Doch wollte man sich neue Tintenpatronen holen waren diese so unverhältnismäßig teuer dass es sich beinahe (aber nur beinahe man wollte ja schließlich keinen Anbieterwechsel provozieren) gelohnt hätte einen neuen Drucker anzuschaffen anstatt neue Patronen zu kaufen. War man erst mal in diesem Lock in gefangen, war man somit an einen Hersteller gebunden, der dies gleichzeitig ausnutzte um den Gewinn für seine Produkte zu maximieren[227].

5.5 Risikomanagement 5.4

Die Gefahr des Vendor Lock in (Der Vendor Lock in Effekt ist die nahezu vollständige Abhängigkeit von einem einzigen Anbieter [228]) kann man gerade im IT Bereich nie vollständig ausschließen. Allerdings ist es auch hier wichtig, auf die richtigen Anbieter zu achten. Auch kann man in seinem Servicevertrag Mechanismen verbieten welche einen Vendor Lock in verursachen. So sollte in einem Dienstleistungsvertrag für die Cloud auf jeden Fall folgende Punkte berücksichtigt werden[229].

---

[222]Vgl. Dirk W Hoffman 2008 Seite 107
[223]Vgl. Artur-Axel Wandtke 2008 Seite 1194
[224]Vgl. Meier-Huber 2010 Seite 210
[225]Vgl. Meir-Huber 2010 51-55
[226]Vgl. Albrecht Söllner 2000 Seite 101
[227]Vgl. Robert Rickards 2009 Seite 8
[228]Vgl. http://www.clouds.de/blog/301-vendor-lock-in-erklaerung
[229]Vgl. Günther 2011 Seite 87

1. **Api** Die Api ist eine Programmierschnittstelle, sie definiert eine Anbindung an ein Programm[230]. Diese Anbindung wird auf Quelltextebene durchgeführt. Die Api sollte möglichst standardisiert sein leider gibt es noch keine komplett standardisierten Api's allerdings wird auch hierfür schon etwas getan [231].

2. **Speicherformate** Das sind die Formate, in denen Daten welche in der Cloud Anwendung gespeichert werden. Sie bestimmen auf unterster Ebene welche Datentypen für das speichern verwendet werden. Aber ein Format macht natürlich noch viel mehr, und dazu können auch unerwünschte Funktionen gehören welche dafür sorgen, dass Speicherformate nicht mehr portierbar in fremde Software sind[232].

3. **Verschlüsselung** Es gibt schon seit langem standardisierte Verschlüsselungsalgorithmen. Man sollte unbedingt darauf bestehen, dass diese auch verwendet werden. Denn sollte ein Unternehmen eigene Verschlüsselungsalgorithmen verwenden, dann kann das zwar durchaus für die Sicherheit zuträglich sein, jedoch verliert man mit dem Verschlüsseln der Daten die eigene Souveränität über die Daten, denn Verschlüsselungsalgorithmen lassen sich als geistiges Eigentum schützen und somit ist es dann anderen Unternehmen nicht möglich diese zu nutzen. Genauso ist es jedoch nicht möglich verschlüsselte Daten ein eine andere Anwendung zu Portieren[233].

Sollten diese drei Punkte zuzüglich zu normalen Standardisierten Service Level Agreements beachtet werden, dann sollte eine Portierbarkeit eine mögliche Variante bleiben, natürlich kann man dies bei SaaS nicht zu 100% garantierten[234].

Die einzige Möglichkeit den Vendor Lock in vollkommen auszuschließen, ist sich auf IaaS (Infrastucture as a Service) zu beschränken[235], was allerdings dann wieder andere Probleme mit sich bringt. Denn IaaS ist eigentlich kein Cloud Computing mehr und man hat wieder den gleichen Softwareaufwand wie ohne Cloud Computing, lediglich der Aufwand für die Hardware wird nun von einem Fremdanbieter gegen Bezahlung getragen[236].

5.6 Veränderungen der Rechtlichen Situation

Die Gesetze in Deutschland ändern sich in einem fortlaufenden Prozess[237], und was heute noch legal ist, kann morgen schon nicht mehr legal sein. Dies führt dazu, dass man sich ständig neu absichern muss und nach Möglichkeit die Hilfe

---

[230]Vgl. Peter Rechenberg 2006 Seite 701
[231]Vgl.   http://www.heise.de/open/meldung/Red-Hat-will-die-Cloud-standardisieren-754681.html
[232]Vgl. Dirk W Hoffman 2008 Seite 107
[233]Vgl. Dirk W Hoffman 2008 Seite 107
[234]Vgl. Meir-Huber 2010 Seite 51
[235]Vgl. Günther 2011 Seite 85
[236]Vgl. Kapitel 3.1.1
[237]Vgl. http://www.bfdi.bund.de/DE/Schwerpunkte/BDSGAenderungen/BDSGAenderungen_node.htm

eines Rechtsexperten suchen sollte, wenn man ein Cloud Anbieter ist[238].

5.7 Zugriff und Qualität des Internetanschluss

Der Breitbandausbau in der Bundesrepublik hat sich in den letzten Jahren zwar massiv verbessert [239] [240]. Doch natürlich gibt es immer noch große Flächen in denen keine zufriedenstellende Anbindung oder sogar keine Anbindung verfügbar ist. Es gibt sogar ganze Wirtschaftsregionen die teilweise nicht über einen ausreichenden Breitbandausbau[241] verfügen. Dieser Fakt erschwert die Auslagerung in die Cloud für diese Unternehmen natürlich erheblich. Eine stabile und leistungsstarke Bandbreitenverbindung ist jedoch für funktionierende Cloud Anwendungen ein Absolutes muss.

Zudem kommt das besondere Problem, dass auch das mobile Internet für unterwegs nicht immer verfügbar ist. Das heißt für Leitende Angestellte die unter umständen viel reisen müssen wird es gerade im Ländlichen Raum schwer zu arbeiten[242].

5.8 Risikomanagement 5.6 bis 5.7

Bei diesen Punkten ist ein Risikomanagement eigentlich nicht möglich, als Unternehmen hat man nur einen minimalen Einfluss auf die Gesetzgebung wie auch darauf[243], ob es sich für ein Telekommunikationsunternehmen lohnt sein Netz auszubauen oder dies nicht zu tun bzw. ob ein Staat diesen Ausbau fördert und er dadurch rentabel für ein Telekommunikationsunternehmen wird[244]. Dies gilt allerdings nur für Unternehmen die bereits einen festen Sitz haben. Unternehmen die es in Betracht ziehen ihren Standort zu verlagern, oder gar Start-Up Unternehmen, können den Bandbreitenausbau bei den Überlegungen zu ihrem Standort berücksichtigen, je nachdem wie wichtig dieser für die Unternehmung ist. So ist eine Empfehlung wenn man eine gute Bandbreite in der Bundesrepublik Deutschland erreichen will, zumindest in die Nähe von Ballungsgebieten zu gehen[245]. In den Bundesländern sind dies vor allem Großstädte, in der Nähe dieser lässt sich in der Regel eine hervorragende Anbindung mit 16 mbit problemlos realisieren [246]. Wenn man Bandbreiten mit mindestens 50 Mbit erreichen möchte wird es allerdings sehr schwierig, denn diese lassen sich nahezu ausschließlich direkt in Großstädten vorfinden, ausnahmen sind hier Baden-Württemberg, Hessen und Nordrhein-Westfalen doch auch hier sind diese Ausbauten sehr Örtlich begrenzt [247]

---

[238]Vgl. Michael Brenner 2004 Seite 877

[239]Vgl. http://www.zukunft-breitband.de/BBA/Navigation/Breitbandatlas/breitbandsuche.html

[240]Vgl.Joachim Böhringer,Peter 2011 Seite 139

[241]Vgl. http://www.spiegel.de/netzwelt/netzpolitik/breitband-plaene-der-regierung-deutschland-lahmt-beim-netzausbau-a-802302.html

[242]Vgl. Meier-Huber 2010 Seite 213

[243]Vgl. Michael Brenner 2004 Seite 877

[244]Vgl. Bünyamin Yalcin 2012 Seite 71

[245]Vgl. Kapitel 5.1.6

[246]Vgl. 16 mbit http://www.zukunft-breitband.de/BBA/Navigation/Breitbandatlas/breitbandsuche.html

[247]Vgl 50 mbit http://www.zukunft-breitband.de/BBA/Navigation/Breitbandatlas/breitbandsuche.html

5.9   Verlängerung der Kommunikationswege

In den meisten Firmen war es bisher so, das wenn man ein Problem mit dem Computer hatte ist man in die EDV gegangen, bzw. es wurde jemand von dort geschickt, und dann war ein problem relativ umgehend gelöst. Wenn man Probleme mit Cloud Anwendungen hat, muss man erst mal den Dienstleister kontaktieren. Wenn dieser einem dann nicht telefonisch helfen kann, dann ist dieser natürlich nicht im Haus, somit muss er erst her geschafft werden. Hierdurch werden Reaktionszeiten natürlich deutlich verlängert[248]. Unter Umständen ist beim Anbieter aber auch gerade viel los, dann ist nicht mal sofort ein Fachmann erreichbar[249]. Eine Verlängerung der Kommunikationswege ist ein Faktor den man auf keinen Fall außer Acht lassen sollte.

---

[248]Vgl. Günther 2011 Seite 74
[249]Vgl. Frederik Geier 2011 Seite 55

5.10 Risikomanagement 5.9

Um die Kommunikationswege möglichst kurz zu halten, sollte man bereits bei der Ausarbeitung des Vertrages dieses Problem berücksichtigen[250]. Hier kann man den Cloud Anbieter dazu bringen Konzessionen zu machen, was die Erreichbarkeit angeht[251]. Denn solange man noch nicht an einen Anbieter gebunden ist, muss sich dieser noch bedeutend mehr um die Gewinnung eines Kunden bemühen die Aufmerksamkeit lässt nach, wenn man erst mal ein fester Kunde ist. Die Unterposition in einem Vertrag, in der solche Modalitäten normalerweise geklärt werden nennt sich typischerweise Service Level Agreement [252].

---

[250]Vgl. Günther 2011 Seite 87

[251]Vgl. Meir-Huber 2010 Seite 53

[252]Vgl. http://www.breuning-winkler.de/cloud-computing-hauptleistungspflicht-und-sla

6 Bedeutung von Cloud Computing für die Anbieter

6.1 Finanzielle interessen

Bei den meisten Anbietern von Cloud Computing handelt es sich um Größen in der IT Welt die dies benötigen weil sich die Gewinnmargen in ihren angestammten Geschäftsfeldern stetig verschlechtern oder zumindest die Aussichten nicht gut sind[253]. Somit versuchen viele Unternehmen die Kernkompetenzen in ähnlichen Bereichen haben eigene Cloud Produkte zu entwickeln. Für die Unternehmen stellt sich hier eine einfache Frage die da lautet "Finde ich ein neues lukratives Geschäftsfeld, oder lasse ich meine Gewinnmargen so lange einbrechen bis ich vorm Ende meiner Existenz stehe?" und dieser Überlebenskampf spiegelt sich auch deutlich im Vorgehen am Markt wieder[254]. Denn hier wird eine fressen oder gefressen werden Strategie verfolgt bei der große Unternehmen sich Kompetenzen nach belieben von kleineren Komkurrenzunternehmen zusammenkaufen. Vor allem Start Ups im Bereich Cloud Computing sind momentan extrem beliebt auf dem Markt, weil den traditionellen IT Unternehmen trotzdem oftmals die Kompetenzen für innovative Cloud Lösungen fehlen weil sie in einer lokalen Welt groß geworden sind[255] [256]. Zusätzlich darf man einiges nicht vergessen, aus finanzieller Sicht ist Cloud Computing um ein vielfaches besser als es der lokale Markt war. Denn selbst wenn man den Vendor Lock in mal außen vor lässt, es ist eine recht einfache Logik wenn man sich folgende Überlegungen stellt. Hatte man früher ein vollausgestattestes Unternehmen hat man seine Ausrüstung warten lassen bis zu einem bestimmten Punkt. Wenn die Ausrüstung nämlich veraltet war, musste neue beschafft werden[257]. Nun war natürlich nicht unbedingt gesagt das die vorher benutzte Hard und Software zu diesem Zeitpunkt dann immer noch die beste für das Unternehmen war bzw. zumindest deren erste Wahl war. Also konnte es sein dass man als Anbieter von Hard und Software bei einem solchen Wechsel einen Kunden verliert oder zumindest Konzessionen machen musste um diesen zu halten[258]. Hat man nun ein Unternehmen das als Cloud Kunde registriert ist, ist die Hardware uninteressant, weil diese ja direkt vom Dienstleister gehostet wird. Gleichzeitig wird ebenso die komplette Software vom Dienstleister überwacht, was bedeutet, dass Fehler schneller behoben und Updates einfacher Implementiert werden können und der Kunde bekommt davon nicht mal etwas mit. Wenn man diese Situation nun mit der Cloud basierten vergleicht fällt einem auf das wichtige Gründe für einen Anbieterwechsel plöt-

---

[253]Vgl. http://www.news.de/technik/855245514/gewinneinbruch-bei-hewlett-packard-whitman-setzt-neue-akzente/1/

[254]Vgl. Günther 2011 Seite 124

[255]Vgl. http://www.zdnet.de/41557999/das-berliner-start-up-wunder/

[256]Vgl. http://www.heise.de/newsticker/meldung/Cisco-kauft-sich-mehr-Sicherheit-in-der-Cloud-1643364.html

[257]Vgl. Tobias Müller 2005 Seite 4-6

[258]Vgl. Lothar Dietrich 2004 Seite 368

zlich nicht mehr vorhanden sind[259]. Das bedeutet wenn der Preisdruck durch
die Konkurrenz nicht allzu erdrückend ist, und dies ist bei Cloud Computing
unwahrscheinlich, da die Bedingungen sehr ähnlich sind weil der Standort ja in
Deutschland sein muss um Datenschutzbestimmungen nachzukommen[260], hat
man mit einem einmal gewonnenen Kunden mit hoher wahrscheinlichkeit eine
dauerhaft sprudelnde Gewinnquelle erschlossen[261].

6.2 Marktinteressen

Im Cloud Computing Markt ist Amazom momentan Markführer[262]. Es gibt
weder große Monopolartige Stellungen gegen die Vorgegangen werden muss
noch genießen andere zu große Vorsprünge[263]. Das bedeutet, dass man hier
auf einen komplett offenen Markt mit vielen Möglichkeiten stößt [264]. Sich hier
eine marktführende Position zu erkämpfen ist natürlich bedeutend einfacher,
als in einem Markt der bereits übersättigt ist, und in welchem andere schon seit
langer Zeit tätig sind. Zum anderen kommt natürlich hin zu dass der Cloud
Markt eine besonders attraktive Note hat[265]. Der Cloud Markt ermöglicht
nämlich Planbarkeit aufgrund der Bindung die ein Kunde zu einem Anbieter
hat[266]. Dies bedeutet im Umkehrschluss jedoch, dass es ungemein schwierig
wird eine Position am Markt zu bekommen, wenn sich erst einmal Anbieter hier
richtig etabliert haben werden weil Kunden dann nämlich nicht ohne weiteres
zu akquirieren bzw. der Aufwand erheblich sein wird[267]. Wie in Kapitel 6.1
beschrieben bauen sich viele große Unternehmen aus der IT momentan ein
eigenes Produktportfolio im Bereich Cloud Computing auf[268], oder sind bereits
dabei, mit einem fertigen Portfolio Kunden zu akquirieren. Sehr wahrscheinlich
wird sich in den nächsten Fünf Jahren ein Markt mit Marktführern bzw. einem
Marktführer bilden. Da fast jedes großes IT Unternehmen einen Platz an
diesem Markt haben möchte ist das Interesse ihn zu erobern natürlich auch
dementsprechend groß[269].

6.3 Urheberrechtliche Interessen

Schon fast seit beginn der Softwareentwicklung für den breiten Konsumenten-
markt, wird die Softwareindustrie von einem großen Problem geplagt [270] [271].

---

[259]Vgl. Kapitel 5.1.4

[260]Vgl. Kapitel 4.1

[261]Vgl. Daniel Seidl 2011 Seite 5

[262]Vgl. Ralf Kaufmanns 2009 Seite 399

[263]Vgl. Bernd Schmidt 2010 Seite 19

[264]Vgl. http://www.silicon.de/41552637/der-deutsche-cloud-computing-markt-2011/

[265]Vgl. Daniel Seidl 2011 Seite 5

[266]Vgl. Kapitel 6.1

[267]Vgl. Kapitel 5.1.3 Abschnitt „Durch abhängigkeit an den Anbieter"

[268]Vgl. Kornel Terplan 2011 Seite 241

[269]Vgl. Daniel Seidl 2011 Seite 5

[270]Vlg. http://www.it-business.de/recht/urteile/articles/107851/

[271]Vgl.   http://www.produktion.de/unternehmen-maerkte/maschinenbau/deutsche-
industrie-64-mrd-euro-schaden-durch-produktpiraten/

Sollte sich tatsächlich das Ende lokaler Anwendungen anbahnen, wäre es für Nutzer schwarzer Software nicht mehr möglich diese aktuelle Versionen zu bekommen. Denn es gäb nur die Möglichkeit die Cloud Variante eines Produktes zu verwenden, und diese könnte man nicht lokal installieren, sondern müsste sie über den Server (vermutlich über ein Kundenkonto) des Betreibers nutzen[272]. Der erste Anlauf hierfür wird mit Office 365 bereits gestartet[273]. Sollte sich das Modell in Zukunft durchsetzen, dann hat das für Anbieter von Software bedeutende Vorteile. Zum einen werden sie keine Distributionspartner bzw. eigene Distributionswege für physische Medien die ihre Software enthalten mehr bereitstellen müssen. Der für dieses Kapitel jedoch wichtige Punkt ist der, dass es nicht mehr möglich sein wird[274], dass Urheberrechtlich geschütze Gut Software zu kopieren weil man es gar nicht mehr lokal zur Verfügung stehen haben wird.Als letztes kommt der wichtigste Punkt hinzu, Strafverfolgungsverfahren und ähnliches gegen Softwarepiraten werden genauso unnötig sein wie ein vorgehen gegen Softwarefälscher/Kopierer aus Billiglohnländern[275].

---

[272]Vgl. J. W. Eßer 2011 Seite 44

[273]Vgl. https://www.microsoft.com/de-de/office365/resources/default.aspx

[274]Vgl. J. W. Eßer 2011 Seite 43-44

[275]Vgl. Olaf Berberich 2009 Seite 138

7 Bedeutung von Cloud Computing für die Kunden

7.1 Finanzielle Bedeutung

Effektiv wird sich für die Nutzer von Cloud basierten Lösungen nicht allzu viel ändern. Denn im laufenden Betrieb ist Cloud Computing weder Kostenintensiver noch weniger Kostenintensiv als die Lösung durch eine eigene IT[276]. Allerdings wird sich für Betriebswirtschaftler sehr vieles ändern. Hohe Investitionskosten für die Entwicklung eigener Lösungen, den Kauf von teuren Lizenzen als auch die Anschaffung von Hardware werden nicht mehr berücksichtigt werden müssen[277]. Genauso wird man auch keine fixen Kosten für eine IT Abteilung mehr haben oder übermäßig hohe Abschreibungen für Equipment[278]. Stattdessen wird man eine Flexible Dienstleistung haben welche man jederzeit nach Bedarf erhöhen oder senken kann und das bei voller Planbarkeit der Kostenentwicklung[279].

7.2 Rechtliche Bedeutung

Die Rechtliche Bedeutung ist ein wesentlich größerer und wichtigerer Punk. Auf den Punkt gebracht ist der Umstieg von konventionellen Lokaler Datenverarbeitung auf Cloud Computing eine Auslagerung von Verantwortung und Kompetenzen. Wer also bei der Wahl seines Cloud Anbieters nicht grob fahrlässig handelt, der wird nach Beginn der Zusammenarbeit mit diesem die rechtliche Verantwortung für die Daten in diesem Bereich komplett abgeben[280]. Das bedeutet wenn es zu Verstößen gegen den Datenschutz kommen sollte ist der Anbieter für diese Verstöße haftbar. Effektiv wird hier die Rechtliche Sicherheit des Kunden gestärkt[281].

---

[276]Vgl. Kapitel 8.1
[277]Vgl.Köhler-Schute 2009 Seite 36-39
[278]Vgl. Daniel Felsmann 2010 Seite 8
[279]Vgl. Günther 2011 Seite 119-120
[280]Vgl. Kapitel 4
[281]Vgl. Günther 2011 Seite 85

8 Cloud Computing in der Zukunft

8.1 Aktueller Stand der Cloud Nutzung

Der aktuelle stand der Cloud nutzung ist trotz aller Risiken und Probleme überwältigend[282]. Betrachtet man jedoch den Aufwand, den Firmen betreiben um die Cloud zu verbreiten, ist dies auch nicht weiter verwunderlich[283].Vor allem in Unternehmen wird das Cloud Computing forciert. In Unternehmen hat sich ohne hin seit Jahren ein Outsourcing Geist etabliert. Die Wirtschaftler der Unternehmen sehen in Outsourcing die Lösung Probleme an kompetentere spezialisierte Unternehmen abzugeben, um sich so besser auf das Kerngeschäft konzentrieren zu können [284]. Das Outsourcing im IT Bereich hat einen gewaltigen Vorteil jedoch auch einen großen Nachteil. Der Vorteil ist, dass durch den bewussten Umgang mit den Daten die heimische IT Wirtschaft unterstützt wird, da hier die Datensicherheit natürlich weitaus besser garantiert werden kann als in anderen Ländern[285], somit unterstützt man indirekt die Binnenwirtschaft, und damit auch die eignen Interessen auf dem Absatzmarkt[286]. Gleichzeitig ist dieser Vorteil natürlich auch ein Nachteil. Denn durch den Vollservice im eigenen Land trägt man natürlich die Lohnkosten im Dienstleisterunternehmen mit, und die sind in Deutschland sehr hoch[287]. Ich Vergleich zu anderen Outsourcing Posten, ist hier das Sparpotential dementsprechend gering(Siehe Abbildung 10). Somit kann man sagen das Unternehmen mittlerweile

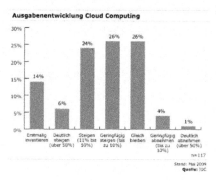

Figure 10: Sparen mit der Cloud

dem Cloud Computing gegenüber eher aufgeschlossen sind als abgeneigt(Siehe Abbildung 11) .

Natürlich gibt es auch noch andere Gründe, warum sich Unternehmen mit Cloud Computing beschäftigen (da der Sparfaktor ja offensichtlich nicht so

---

[282]Vgl. Markus Böttger 2012 Seite 2

[283]Vgl. http://www.horizont.net/aktuell/marketing/pages/protected/Microsoft-wirbt-mit-Millionen-Etat-fuer-die-Cloud_96394.html

[284]Vgl. http://www.outsource2india.de/warum_outsourcing.htm

[285]Vgl. Kapitel 4

[286]Vgl. Otto Josef Kraus 1956 Seite 61

[287]Sonja Götz 2004 Seite 60-61

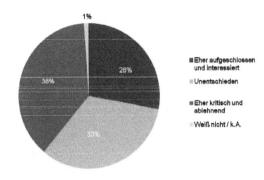

Figure 11: Unternehmenstand zu Cloud Computing

groß ist) und diese Vorteile wiegen dann immer noch so schwer, dass sie den Mangel des nichterfüllens der Kosteneinsparungen wieder ausgleichen. Dabei wiegen diese Vorteile in den Gedanken quasi genauso schwer wie der Kostenfaktor. Diese Gründe sind hauptsächlich eine Verbesserung von Software. Wenn man sich überlegt, wie viel fähige Mitarbeiter es benötigt, um eine erstklassige Anwendung zu entwickeln und was noch wichtiger ist wie viel Kosten[288] dies verursacht, dann ist es durchaus naheliegend diese Tätigkeit Out zu sourcen[289]. Man darf weiterhin nicht vergessen das Software auch ständige Wartung und Pflege benötigt. Das heißt selbst wenn man die Hürde der erfüllung der Anforderungen gemeistert hat, wird man auf weitere Hürden wie zum Beispiel eben die Anpassung an neue Hardware, die Unterstützung anderer Treiber, oder die Unterstützung von Drittsoftware stoßen. Zudem wird eine ständige Pflege und Wartung erfordert und man sollte auch nicht vergessen, dass Unternehmen immer wachsen und Software auch dementsprechend skaliert werden muss[290].

Der Betrieb von Geschäftsanwendungen ist natürlich die Primäre Funktion des Cloud Computings. Früher wurden Geschäftsanwendungen als komplett Paket verkauft[291]. Wenn man die Software (bzw. die Lizenz) einmal gekauft hatte war man aufgrund einer Hohen Investition an ein Unternehmen gebunden. Bei Software auf Mietbasis ist dies natürlich ein wenig anders, da hier die Kapitalbindung wesentlich geringer ist[292]. Dies dürfte auch eine eventuelle Erklärung für die Beliebtheit von Cloud Betriebsanwendungen sein.Allerdings

---

[288]Vgl. Kapitel 3
[289]Vgl. Patrick MacKert 2008 Seite 33
[290]Vgl.Köhler-Schute 2009 Seite 36-39
[291]Vgl. Meir-Huber 2010 Seite 16-17
[292]Vgl. Höllwarth 2011 Seite 47-48

Figure 12: Gründe für die Cloud

gibt es natürlich auch hier Bindungsmechanismen und man muss auch hier darauf achten sich nicht zu sehr an ein Unternehmen zu binden[293].

Figure 13: Anwendungen in der Cloud

8.2   Was denken eigentlich die Nutzer über Cloud Computing

Die meisten Nutzer sind durchaus zufrieden mit der Handhabung von Cloud Systemen. Klare Vorteile sind hier natürlich, dass man sich nicht um Angelegenheiten kümmern muss, die man im lokalen Betrieb hat(Siehe Abbildung 14). Das heißt im Klartext, die Kunden bzw. die Mitarbeiter einer Kundenfirma müssen mit den Cloudanwendungen klarkommen wenn dies nicht der Fall ist,

---

[293]Vgl. Kapitel 5.4

dann ist eine produktive Arbeit nicht gegeben und kein Unternehmen würde unter diesen Umständen einer Cloudbasierten Anwendung zustimmen(Siehe Abbildung 14).Doch man muss sich darüber im klaren sein, dass auch nicht alle Mitarbeiter einer Firma mit Cloud Computing einverstanden sind.

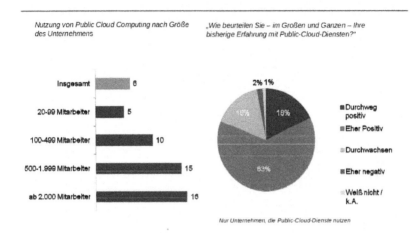

Figure 14: Nutzer und Cloud

8.3 Zukunftsausblick auf die Cloud

Da sich das am massiven Einsatz der großen Clouddienstleister [294] wenig ändern wird, wird die Durchsetzung des gesamten Marktes mit Cloud Produkten mit hoher Wahrscheinlichkeit zunehmen(Siehe Abbildung 15). Doch natürlich ist jede Investition in die Zukunft ein Risikogeschäft, da nicht mal der beste Wirtschaftler bzw. Wissenschaftler in die Zukunft sehen kann[295].

Natürlich darf man zusätzlich Synergie Effekte nicht außer acht lassen, wie zum Beispiel den fortschreitenden Bandbreitenausbau in der Bundesrepublik[296].Es ist sehr wahrscheinlich das versucht wird bereits etablierte Produkte als Cloudbasierte Version in den Markt einzustreuen um so die lokalen Anwendungen langsam abzulösen wie es Microsoft zum Beispiel mit Word macht[297].Inwiefern Cloud Computing die Personalstruktur verändern wird kann

---

[294]Kapitel 6.1

[295]Vgl. http://www.handelsblatt.com/technologie/it-tk/special-cloud-computing/zukunftstrend-cloud-computing-die-riskante-milliardenwette-der-it-konzerne/4256172.html

[296]Vgl. http://www.dslvergleiche.de/blog/?p=11

[297]Vgl. https://www.microsoft.com/de-de/office365/resources/default.aspx

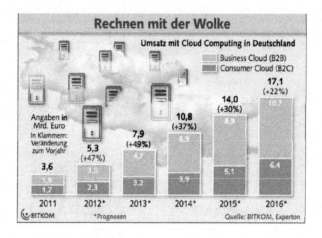

Figure 15: Zukunft der Cloud

nicht sicher geklärt werden. Zwar rühmt sich das Cloud oftmals mit Einsparungspotential, doch es wurde bereits widerlegt, dass essenzielle Einsparungen durch die Einführung eintreten[298]. Eines scheint jedoch sicher, eigene Rechenzentren und die dafür eingesetzten Administratoren werden in Zukunft auf jeden Fall von den Veränderungen betroffen sein und müssen damit rechnen, dass sich in ihrem Beruf einiges ändern wird[299].

---

[298]Vgl. Kapitel 8.1
[299]Vgl. Kapitel 5.4

9 Fazit

Cloud Computing ist und bleibt ein Thema bei dem man wenn man es selber nutzen will äußerst gewissenhaft vorgehen muss. Ein aufgrund des Alters der Disziplin Mangel an Standardisierung, sorgt dafür, dass Unternehmen sich sehr genau absichern müssen, wenn sie keine bösen Überraschungen erleben wollen.den ein Vertrag für ein Dienstleistungsverhältnis für die Cloud ist und bleibt auf jeden Fall ein Unikat. Daran wird sich auch in Zukunft nichts ändern, weil die verschiedenen Bedürfnisse der Unternehmen einfach zu unterschiedlich sind. Eines sollte man jedoch auf keinen Fall vergessen, bevor man einen fertigen Cloudvertrag unterschreibt, sollte man zu allererst einen Fachlich kompetenten Juristen konsultieren, der auf diesem Gebiet spezialisiert ist. Noch besser wäre es von Anfang an einen Juristen an Bord zu haben damit gar keine Unwegsamkeiten auftreten. Außerdem ist es sinnvoll vorhandene Zertifikate zu nutzen denn sie bieten momentan zumindest eine Grundlage an Sicherheiten.

Die Cloud Dienstleister bleiben auch viele Fragen schuldig, denn wie sie die Probleme vor allem in Bereichen wie der Sicherheit in den Griff bekommen wollen ist immer noch fraglich. Niemand kann absolute Sicherheit gewähren, aber bei den bisherigen dezentralen Modellen war dies auch noch nicht so wichtig. Bei der fortschreitenden Zentralisierung durch das Cloud Computing jedoch, kann niemand behaupten das der Schaden begrenzt ist auf ein einzelnes Unternehmen oder Netzwerk es kann die Volkswirtschaft einer ganzen Region nachhaltig schädigen. Außerdem wird auch die Politik gefordert sein, denn da es für viele Netzbetreiber nicht rentabel ist Regionen mit Breitbandinternet zu versorgen, muss eine Regulierung stattfinden, oder es könnte - falls Cloud Computing zu einem Erfolgsfaktor in der Industrie wird - zum verwaisen ganzer Regionen ohne ausreichende Breitbandversorgung kommen, denn die Menschen folgen der Arbeit und nicht umgekehrt.

9.1 Persönlicher Eindruck

Mein Persönlicher Eindruck des Cloud Computing ist, dass die Idee natürlich sehr innovativ ist. Auch denke ich, kann man für Unternehmen eine absolute Alternative schaffen, denn die Angebote insgesamt und vor allem deren Skalierbarkeit sind wirklich eine echte Innovation. Ich denke auch, dass lokale Angebote auf Dauer nicht mehr mit den Cloud Angeboten mithalten werden - wenn dem doch der Fall sein sollte, dann werden die Cloud Markführer alles tun um Cloud Computing durchzusetzen - und somit die Unternehmen Stück für Stück ihre eigene IT auslagern werden. Ich denke allerdings auch, dass für den Breitbandausbau, gerade hier in Deutschland[300] noch viel getan werden muss. Denn das Cloud Computing ist wie nie zuvor eine andere Technologie an ein funktionierendes Breitbandnetz geknüpft. Nach der Analyse die ich nun durchgeführt habe kann ich für meinen Teil mit absoluter Sicherheit sagen, dass sich Cloud Computing am Markt zumindest für unternehmerische Anwender etablieren wird, dies wird lediglich eine Frage der Zeit sein. Allerdings sehe ich auch, dass das Cloud Computing noch einige Mängel hat *-was völlig normal ist für eine relativ neue Technologie* - und diese müssen behoben werden.

---

[300]http://www.netzwelt.de/news/80883-breitband-ausbau-deutschland-nur-mittelmass.html

10 Quellenverzeichnis

10.1 Literaturverzeichnis

Auth, Klaus-Jürgen (2009): Software as a service. SaaS: Strategien, Konzepte, Lösungen und juristische Rahmenbedingungen. Hg. v. Christiana Köhler-Schute. Berlin: KS-Energy-Verl.

Baun, Christian; Kunze, Marcel; Nimis, Jens; Tai, Stefan (2011): Cloud computing. Web-based dynamic IT services. Berlin, Heidelberg: Springer.

Bundesdatenschutzgesetz (BDSG). Textsammlung (2009). Dresden: SV SAXONIA Verl. für Recht Wirtschaft und Kultur.

Büscher, Wolfgang; Jungeblut, Dieter (2011): Gesetz gegen den unlauteren Wettbewerb. 1. Aufl. Köln: Heymanns, Carl.

Cloud Computing and Grid Computing 360-Degree Compared (2008).

Fey, Dietmar (2010): Grid-Computing. Eine Basistechnologie für Computational Science. In: Grid-Computing.

Fischer, Thomas; Schwarz, Otto; Dreher, Eduard; Tröndle, Herbert (2012): Strafgesetzbuch und Nebengesetze. 60. Aufl. des von Otto Schwarz begr., in der 23. bis 37. ufl. von Edurd Dreher und in der 38. bis 49. Aufl. von Herbert Tröndle bearb. Werks, Stand: 1. Oktober 2012. München: Beck (Beck'sche Kurz-Kommentare, 10).

Höllwarth, Tobias (2011): Cloud Migration. 1. Aufl. Heidelberg ; München [u.a.]: mitp.

Hüffer, Uwe (2012): Aktiengesetz. 10. Aufl. München: Beck (Beck'sche Kurz-Kommentare, 53).

Marit Hansen (2012): Vertraulichkeit und Integrität von Daten und IT-Systemen im Cloud-Zeitalter. Hg. v. Ministerium für Datenschutz Schleswig Holstein. Ministerium für Datenschutz Schleswig Holstein. Online verfügbar unter https://www.datenschutzzentrum.de/cloud-computing/, zuletzt geprüft am 22.08.2012.

Meir-Huber, Mario (2010, 2010): Cloud Computing. Praxisratgeber und Einstiegsstrategien. Frankfurt, M: Entwickler.press.

Pahlow, Louis (2006): Lizenz und Lizenzvertrag im Recht des Geistigen Eigentums. Tübingen: Mohr Siebeck.

Soergel, Hs Th; Hadding, Walther (op. 2012): Bürgerliches Gesetzbuch. Mit Einführungsgesetz und Nebengesetzen : Kohlhammer Kommentar. In: Bürgerliches Gesetzbuch.

Wicke, Hartmut (2011): Gesetz betreffend die Gesellschaften mit beschränkter Haftung (GmbHG). Kommentar. 2. Aufl. München: Beck.

Felsmann, Daniel: Cloud Computing : Basistechnologien, Architektur, Erfolgsfaktoren, Herausforderungen und die aktuelle Marktsituation. 1. Aufl.. München: GRIN Verlag, 2010.

Hein, David: Perspektiven des paneuropäischen Fernsehens. 1. Aufl.. München: GRIN Verlag, 2011.

Meinel, Christoph ; Willems, Christian ; Roschke, Sebastian ; Schnjakin, Maxim: Virtualisierung und Cloud Computing : Konzepte, Technologiestudie, Marktübersicht. Potsdam: Universitätsverlag Potsdam, 2011.

Cristian Metzger ; Thorsten Reitz ; Juan Villar Cloud Computing: Chancen und Risiken aus technischer und und Unternehmerischer Hinsicht. München: Carl Hanser Verlag München, 2011.

Höckmayr, Benedikt: Cloud Computing - Analyse des Einflusses von nichtfunktionalen Anforderungen bei der Einführung in Unternehmen. München: GRIN Verlag, 2012.

Poguntke, Werner: Basiswissen IT-Sicherheit : Das Wichtigste für den Schutz von Systemen und Daten. 1. Aufl.. Witten: W3l GmbH, 2007.

Kammermann, Markus ; Campo, Markus a: CompTIA Security+ : Vorbereitung auf die Prüfung SYO-301. 2011. Aufl.. München: Hüthig Jehle Rehm, 2011.

Bayer, Jürgen: Das C# 2010 Codebook. 1. Aufl.. München: Pearson Deutschland GmbH, 2010.

Vollmer, Timm: Untersuchung aktueller Sicherheitstechniken im Bereich des Cloud Computings in Bezug auf technische Sicherheit, Datenschutz und juristische Grundlagen. München: GRIN Verlag, 2012.

Sorge, Christoph: Softwareagenten : Vertragsschluss, Vertragsstrafe, Reugeld. Karlsruhe: KIT Scientific Publishing, 2004.

Ebel, Nadin: WebSphere/Domino Workplace Administration. 1. Aufl.. München: Pearson Deutschland GmbH, 2005.

Street, Jayson E. ; Nabors, Kent ; Baskin, Brian: Forbidden Network : Anatomie eines Hacks. 2011. Aufl.. München: Hüthig Jehle Rehm, 2010.

Schreiner, Rüdiger: Computernetzwerke : Von den Grundlagen zur Funktion und Anwendung. 3. überarbeitete Auflage. München, Wien: Hanser Verlag, 2009.

Stein, Erich: Taschenbuch Rechnernetze und Internet. 3. neu bearbeitete Auflage. München, Wien: Hanser Verlag, 2008.

Lesch, Torsten ; Karten, Walter: Risk-Management von Risiken aus Nutzung des Internets : Eine ökologische Analyse unter besonderer Berücksichtigung versicherungstechnischer Aspekte. Köln: Verlag Versicherungswirtsch., 2002.

Spenneberg, Ralf: Intrusion Detection und Prevention mit Snort 2 & Co.. 1. Aufl.. München: Pearson Deutschland GmbH, 2005.

Zülch, Joachim ; Barrantes, Luis: Unternehmensführung in dynamischen Netzwerken : Erfolgreiche Konzepte aus der Life-Science-Branche. 1. Aufl.. Berlin, Heidelberg: Springer, 2006.

Tiemeyer, Ernst: Handbuch IT-Management : Konzepte, Methoden, Lösungen und Arbeitshilfen für die Praxis. 3. überarbeitete und erweiterte Auflage. München, Wien: Hanser Verlag, 2009.

Preuß, Norbert ; Schöne, Lars: Real Estate und Facility Management : Aus Sicht der Consultingpraxis. 3. vollst. neu bearb. u. erw. Aufl.. Berlin: Springer DE, 2009.

Bullinger, Hans-Jörg ; Warnecke, Hans-Jürgen ; Westkämper, Engelbert: Neue Organisationsformen im Unternehmen : Ein Handbuch für das moderne Management. 2. neu bearb. u. erw. Aufl.. Berlin: Springer DE, 2003.

Brand, Jobst Ulrich ; Elflein, Christoph ; Pawlak, Carin ; Ruzas, Stefan: Die Moralmacher. München: Redline Wirtschaft, 2012.

Stempel, Steffen: Transparente Netzwerktrennung zur Erhöhung der Sicherheit. München: Herbert Utz Verlag, 1996.

Schumacher, Markus ; Roedig, Utz ; Moschgath, Marie-Luise: Hacker Contest : Sicherheitsprobleme, Lösungen, Beispiele. 1. Aufl.. Berlin: Springer DE, 2002.

Terplan, Kornel ; Voigt, Christian: Cloud Computing. 2011. Aufl.. München: Hüthig Jehle Rehm, 2011.

Tinnefeld, Marie-Theres ; Buchner, Benedikt ; Petri, Thomas: Einführung in das Datenschutzrecht : Datenschutz und Informationsfreiheit in europäischer Sicht. vollständig überarbeitete Auflage. München: Oldenbourg Verlag, 2012.

Kröger, Detlef ; Gimmy, Marc A.: Handbuch zum Internetrecht : Electronic Commerce - Informations-, Kommunikations- und Mediendienste. 2. aktualisierte u. erw. Aufl.. Berlin: Springer DE, 2002.

Gerdes, Lars J.: Organisierte Kriminalität und regionale Konflikte. 1. Aufl.. Osnabrück: Josef Eul Verlag GmbH, 2007.

Schäfer, Ulrich: Der Angriff : Wie der islamistische Terror unseren Wohlstand sprengt. 1. Aufl.. Frankfurt am Main: Campus Verlag, 2011.

Huber, Ulrich: Leistungsstörungen : Die allgemeinen Grundlagen, der Tatbestand des Schuldnerverzugs, die vom Schuldner zu vertretenden Umstände. 1. Auflage.. Tübingen: Mohr Siebeck, 1999.

Popp, Matthias: Speicherbedarf bei einer Stromversorgung mit erneuerbaren Energien. 1st Edition.. Berlin: Springer DE, 2010.

Feyhl, Achim: Management und Controlling von Softwareprojekten : Software wirtschaftlich auswählen, entwickeln, einsetzen und nutzen. 2. überarb. u. erw. Aufl. 2004. Berlin: Springer DE, 2004.

Beck, Berhard ; Reber, Marcel: Volkswirtschaftslehre für technische Kaufleute und HWD. 3. überarb. Auflage. Wernetshausen: Compendio Bildungsmedien AG, 2011.

: Datenschutz von A-Z : Schnell und kompakt informiert zum Datenschutz. 3. Auflage 2012.. Planegg, München: Haufe-Lexware, .

Meinel, Christoph ; Willems, Christian ; Roschke, Sebastian ; Schnjakin, Maxim: Virtualisierung und Cloud Computing : Konzepte, Technologiestudie, Marktübersicht. Potsdam: Universitätsverlag Potsdam, 2011.

Thies, Karlheinz H. W.: Management operationaler IT- und Prozess-Risiken : Methoden für eine Risikobewältigungsstrategie. 1. Aufl.. Berlin, Heidelberg: Springer, 2008.

Bräkling, Elmar ; Oidtmann, Klaus: Power in Procurement : Erfolgreich einkaufen - Wettbewerbsvorteile sichern - Gewinne steigern. Berlin: Springer DE, 2012.

Picot, Arnold ; Hertz, Udo ; Gotz, Thomas: Trust in IT : Wann vertrauen

Sie Ihr Geschäft der Internet-Cloud an?. 1st Edition.. Berlin: Springer DE, 2011.

Salmen-Fuchs, Tanja: Management Von Softwarelizenzen. 1. Aufl.. München: GRIN Verlag, 2007.

Hoffmann, Dirk W.: Software-Qualität. 1. Aufl.. Berlin: Springer DE, 2008.

Wandtke, Artur-Axel ; Wöhrn, Kirsten-Inger: Medienrecht : Praxishandbuch. Berlin: Walter de Gruyter, 2008.

Söllner, Albrecht: Die schmutzigen Hände : Individuelles Verhalten in Fällen von institutionellen Misfits. Tübingen: Mohr Siebeck, 2000.

Rickards, Robert C: Leistungssteuerung kompakt. München: Oldenbourg Verlag, 2009.

Rechenberg, Peter ; Pomberger, Gustav: Informatik-Handbuch. 4. aktualisierte und erweiterte Auflage. München, Wien: Hanser Verlag, 2006.

Böhringer, Joachim ; Bühler, Peter ; Schlaich, Patrick: Kompendium der Mediengestaltung : Konzeption und Gestaltung für Digital- und Printmedien. Berlin: Springer DE, 2011.

Brenner, Michael ; Huber, Peter M. ; Möstl, Markus: Der Staat des Grundgesetzes- Kontinuität und Wandel : Festschrift für Peter Badura zum siebzigsten Geburtstag. 1. Auflage.. Tübingen: Mohr Siebeck, 2004.

Yalcin, Bünyamin: Deregulierung, Innovation und Wettbewerb in der Telekommunikation in ausgewählten europäischen Ländern. 1. Aufl.. München: GRIN Verlag, 2012.

Geier, Frederik: Betriebswirtschaftliche Aspekte bei der Einführung von Cloud Computing. München: GRIN Verlag, 2011.

Müller, Tobias: Nutzungsmöglichkeiten und Auswirkungen von IT-Lösungen zur Unterstützung der Financial Supply Chain unter besonderer Berücksichtigung der Beschaffung. München: GRIN Verlag, 2005.

Dietrich, Lothar ; Schirra, Wolfgang: IT im Unternehmen : Leistungssteigerung bei sinkenden Budgets. Erfolgsbeispiele aus der Praxis. 1. Aufl.. Berlin: Springer DE, 2004.

Kaumanns, Ralf ; Siegenheim, Veit: Die Google-Ökonomie : Wie der Gigant das Internet beherrschen will. 2. Auflage.. Norderstedt: BoD – Books on

Demand, 2009.

Schmidt, Bernd: Grundlagen des Cloud Computing. München: GRIN Verlag, 2010.

Seidl, Daniel: Cloud-Computing: Vom Hype zur Realität?. 1. Aufl.. München: GRIN Verlag, 2011.

Schwartmann, Rolf ; Bießmann, Peer ; Brocker, Doris ; Depprich, Ina ; Eckardt, Bernd ; LL.M., Dieter Frey ; Gennen, Klaus ; Huff, Martin W. ; Janik, Viktor ; Keber, Tobias ; Korehnke, Stephan ; M.A., Thomas Köstlin ; Kuck, Katja ; Kundan, Jasmin ; Kunzmann, Jens ; LL.M., Nicola Lamprecht-Weißenborn ; Möllmann, Sebastian ; Müller, Christoph J. ; Obert, Anne ; Russ, Christian ; Schmittmann, Michael ; Schwartmann, Rolf: Praxishandbuch Medien-, IT- und Urheberrecht. 2. neu bearbeitete Auflage 2011. München: Hüthig Jehle Rehm, 2011.

Berberich, Olaf: 7/11. 2. Aufl.. Norderstedt: BoD – Books on Demand, 2009.

Böttger, Markus: Cloud Computing richtig gemacht: Ein Vorgehensmodell zur Auswahl von SaaS-Anwendungen : Am Beispiel eines hybriden Cloud-Ansatzes für Vertriebssoftware in KMU. 1. Aufl.. Hamburg: Diplomica Verlag, 2012.

Kraus, Otto Josef: Theorie der zwischenstaatlichen Wirtschaftsbeziehungen. Berlin: Duncker & Humblot, 1956.

Götz, Sonja: Die Wettbewerbsfähigkeit des Standortes Deutschland mit Blick auf den Kündigungsschutz für Arbeitnehmer und Arbeitskosten. München: GRIN Verlag, 2004.

Möller, Christian: Cloud Computing - Einsatz im E-Business. 1. Aufl.. München: GRIN Verlag, 2010.

Lammle, Todd: CompTIA Network+ Study Guide : Exam N10-005. Chichester, West Sussex, New York: John Wiley & Sons, 2012.

Bitkom: BITKOM-Leitfaden: Cloud Computing - Evolution in der Technik, Revolution im Business: Gerald Münzl, IBM Deutschland GmbH Bernhard Przywara, Sun Microsystems GmbH Dr. Martin Reti, T-Systems Enterprise Services GmbH Dr. Jörg Schäfer, Accenture GmbH Karin Sondermann, Microsoft Deutschland GmbH Dr. Mathias Weber, BITKOM e.V. Andreas Wilker, Bechtle GmbH & Co. KG; Berlin: BITKOM Bundesverband Informationswirtschaft, Telekommunikation und neue Medien e. V. 2009:

Grid Computing in Life Science : First International Workshop on Life Science Grid, LSGRID 2004 Kanazawa, Japan, May 31-June 1, 2004, Revised Selected and Invited Papers. 1. Aufl.. Berlin, Heidelberg: Springer, 2005.

Wehner, Lutz: Neue elektronische Marketingkommunikation - Chancen und Risiken in der Zielgruppenansprache ausgewählter Markenartikelhersteller. 1. Aufl.. München: GRIN Verlag, 2007.

Alter, Roland: Strategisches Controlling : Unterstützung des strategischen Managements. München: Oldenbourg Verlag, 2011.

Lutz, Mark ; Ascher, David: Einführung in Python. 2. Auflage.. Köln: O'Reilly Germany, 2007.

Kaiser, Stefan: E-Commerce und Datenschutz. 1. Aufl.. München: GRIN Verlag, 2008.

Mackert, Patrick: Outsourcing Von Personaldienstleistungen- Eine Analyse Des Unterschiedlichen Outsourcingverhaltens Von Unternehmen Im Personalbereich Auf Basis Der Transaktionskostentheorie Und Des Ressourcenorientierten Ansatzes. 1. Aufl.. München: GRIN Verlag, 2008.

10.2   Internetquellenverzeichnis

http://www.cloudsider.com/test/online-festplatte-test.html

http://www.wolkenheld.de

http://www.chip.de/downloads/eyeOS_27733671.html

http://www.zdnet.de/news/41540254/open-xchange-stellt-webdesktop-vor.htm

http://www.giga.de/downloads/google-chrome/news/carbyn-kanadisches-startup-zeigt-html5-betriebssystem/

http://www.teichfolien-24.de/teichvolumenrechner/index.html

http://blip.tv/pycon-us-videos-2009-2010-2011/pycon-2011-how-dropbox-did-it-and-how-python-helped-4896698

http://blip.tv/pycon-us-videos-2009-2010-2011/pycon-2011-how-dropbox-did-it-and-how-python-helped-4896698

http://www.netzwelt.de/news/90986-dropbox-verschluesseln.html

http://www.silicon.de/41551608/sicherheitsleck-in-dropbox/

http://www.eyeos.org/technology/overview

http://www.freerainbowtables.com/de/tableprogress/

http://md5-database.org/md5/

http://www.heise.de/newsticker/meldung/Autor-haelt-md5crypt-nicht-mehr-fuer-sicher-1614781.html

http://www.zdnet.de/39147878/brute-force-passwoerter-knacken-mit-roher-gewalt/

http://www.youtube.com/watch?v=IZZEEce5Bio

http://www.cio.de/bild-zoom/2297935/1/686419/EL_13231949246661330555654/

http://www.saas-forum.net/blog/oracle-ceo-larry-ellison-stellt-cloud-strategie-vor/12062012

https://www.datenschutzzentrum.de/cloud-computing/

https://www.datenschutzzentrum.de/cloud-computing/20100617-cloud-computing-
und-datenschutz.html

http://www.forbes.com/sites/ciocentral/2011/05/03/redhat-ceo-whitehurst-
dont-be-tricked-into-cloud-based-lock-in/

http://www.hessen.de/irj/hessen_Internet?cid=098693b3bbacadc19b81045a1c2300f2

http://rechtsgeschichte-life.jura.uni-sb.de/aktuell.htm

http://www.it-business.de/index.cfm?pid=2399&pk=253091

http://www.wbs-law.de/internetrecht/cloud-computing-ein-zukunftsmarkt-
was-dabei-zu-beachten-ist-21811/

http://www.it-business.de/index.cfm?pid=2399&pk=253091

http://www.computerwoche.de/karriere/karriere-gehalt/575101/

http://hackerspaces.org/wiki/List_of_Hacker_Spaces

http://www.tagesspiegel.de/politik/anonymous-angriff-hacker-stellen-rechte-
an-den-internet-pranger/6016690.html

http://www.welt.de/wirtschaft/webwelt/article13477690/Hacker-nennen-politische-
Motive-fuer-Angriff-auf-Zoll.html

http://www.handelsblatt.com/technologie/it-tk/it-internet/gezielte-angriffe-
chinas-hacker-werden-immer-dreister/62092
24.html
http://www.spiegel.de/wirtschaft/unternehmen/jedes-zweite-deutsche-unternehmen-
von-wirtschaftsspionage-betroffen-a-829055.html

http://www.computerbild.de/artikel/cb-Aktuell-Sicherheit-Facebook-Google-
Dropbox-Cloud-Datenschutz-Geheimdienste-6413576.html

http://www.rechtswoerterbuch.de/recht/h/hoehere-gewalt/

http://www.kabel-internet-telefon.de/news/6088-bagger-zerstoert-primacom-
breitband-glasfaserkabel-in-halle-a-d-saale

http://www.zeit.de/digital/internet/2012-03/facebook-ausfall

http://www.stern.de/digital/online/google-ausfall-eine-lektion-in-abhaengigkeit-
700921.html

http://www.saas-audit.de/426/anforderungen/

http://www.zoll.de/DE/Fachthemen/Zoelle/Zugelassener-Wirtschaftsbeteiligter-AEO/Bewilligungsvoraussetzungen/bewilligungsvoraussetzungen_node.html#doc187480bc

http://www.it-jobs.stepstone.de/content/de/de/b2c_gehaltsstruktur.cfm

http://www.clouds.de/blog/301-vendor-lock-in-erklaerung

http://www.heise.de/open/meldung/Red-Hat-will-die-Cloud-standardisieren-754681.html

http://www.bfdi.bund.de/DE/Schwerpunkte/BDSGAenderungen/BDSGAenderungen_

http://www.zukunft-breitband.de/BBA/Navigation/Breitbandatlas/breitbandsuche.ht

http://www.spiegel.de/netzwelt/netzpolitik/breitband-plaene-der-regierung-deutschland-lahmt-beim-netzausbau-a-802302.html

http://www.zukunft-breitband.de/BBA/Navigation/Breitbandatlas/breitbandsuche.ht

http://www.breuning-winkler.de/cloud-computing-hauptleistungspflicht-und-sla

http://www.news.de/technik/855245514/gewinneinbruch-bei-hewlett-packard-whitman-setzt-neue-akzente/1/

http://www.zdnet.de/41557999/das-berliner-start-up-wunder/

http://www.heise.de/newsticker/meldung/Cisco-kauft-sich-mehr-Sicherheit-in-der-Cloud-1643364.html

http://www.silicon.de/41552637/der-deutsche-cloud-computing-markt-2011/

http://www.it-business.de/recht/urteile/articles/107851/

http://www.produktion.de/unternehmen-maerkte/maschinenbau/deutsche-industrie-64-mrd-euro-schaden-durch-produktpiraten/

https://www.microsoft.com/de-de/office365/resources/default.aspx

http://www.horizont.net/aktuell/marketing/pages/protected/Microsoft-wirbt-mit-Millionen-Etat-fuer-die-Cloud_96394.html

http://www.outsource2india.de/warum_outsourcing.htm

http://www.handelsblatt.com/technologie/it-tk/special-cloud-computing/zukunftstrend-cloud-computing-die-riskante-milliardenwette-der-it-konzerne/4256172.html

http://www.dslvergleiche.de/blog/?p=11

https://www.microsoft.com/de-de/office365/resources/default.aspx

http://www.netzwelt.de/news/80883-breitband-ausbau-deutschland-nur-mittelmass.html

http://www.heise.de/download/eyeos-1150737.html

http://www.eyeos.org/technology/virtualization

http://www.eyeos.org/technology/overview

Alle Quellen zuletzt am 22 August 2012 abgerufen